ローラント・ヴォルフガング・ヘンケ 編集代表
Roland Wolfgang Henke

濱谷佳奈 監訳

栗原麗羅・小林亜未 訳

世界の教科書シリーズ㊻

Praktische Philosophie 1 Cornelsen

5、6年実践哲学科の価値教育

ドイツの道徳教科書

明石書店

Praktische Philosophie 1
©Cornelsen Verlag GmbH, Berlin 2009
https://www.cornelsen.de/
Japanese translation rights arranged with
CORNELSEN VERLAG GMBH
through Japan UNI Agency, Inc., Tokyo

日本語版『実践哲学科(じっせんてつがくか)』読者へのことば

1. ドイツでの「倫理・哲学科」の位置づけ

　ドイツでは、「倫理・哲学」という領域での諸教科の位置づけは、各州によってさまざまです。ほぼすべての州では、正規の教科としての**キリスト教の宗教科**に、前期中等教育段階（5年生から10年生）では（洗礼を受けた）プロテスタントまたはカトリックの生徒のために、時間割上週2時間が割り当てられています。この宗教科との関係上、**「倫理・哲学科」**は**代替教科**という法的地位にあります。つまり、「倫理・哲学科」は、キリスト教の洗礼を受けていない、あるいは14歳以上では良心上の理由から宗教科の受講を希望しない学習者のための必修教科となっています。

　同じような状況が、現在では**イスラームの宗教科**の導入をめぐって、いくつかの州で認められます。たとえば、ノルトライン・ヴェストファーレン州（以下、「NRW州」と表記）では、ムスリムの生徒は、イスラームの宗教科を受講する必要がありますが、キリスト教の場合と同様に、14歳になるとその受講を拒否することができ、自動的に**「倫理・哲学科」**の授業に参加することになるのです。

　例外が、ベルリンとブランデンブルク州に見られます。これらの州では、**「倫理科」**や**「生活形成・倫理・宗教学科」**（以下、「LER科」と表記）が前期中等教育段階のすべての生徒にとっての**正規の教科**（reguläres Fach）となっています。反対に、宗教科は、希望が出された場合に、キリスト教会から付与された教授資格を有する教員によって授業が行われています。

　このように、**「宗教科」**と**「倫理・哲学科」**のあいだの法的関係には、州ごとの多様性が認められます。ただし、各州の「倫理・哲学科」の授業は、共通して、**世界観上中立**に構想されています。これが宗教科と異なる側面と言えます。つまり、「倫理・哲学科」では、むしろさまざまな世界観や宗教が授業の重点的内容であり、特定の宗教や世界観による制約を受けません。したがって、「倫理・哲学科」は、**価値中立ではなく**、各州の憲法並びにドイツ連邦共和国基本法、そして人権によって保障された、社会全体の価値へのコンセンサスと結びついているのです。[1]

　「倫理・哲学科」のカリキュラムは、各州で統一されているわけではありません。これは、教科の名称に表れています。たとえば、**「価値と規範科」**（ニーダーザクセン州）、**「倫理科」**（バイエルン州、バーデン・ヴュルテンベルク州、テューリンゲン州など）、**「実践哲学科」**（NRW州）、**「哲学科」**（シュレスヴィッヒ・ホルシュタイン州、メクレンブルク・フォアポンメルン州など）などが挙げられます。それらの代替教科としてのコンセプトの主な違いは、実践哲学の各々の問題領域やテーマに見てとることができます。すなわち、**「倫理」**を名称に掲げる代替教科のコンセプトは、実践哲学のテーマと問題領域を中心に据えており、**「哲学」**を名称に掲げる代替教科では、形而上学を含めた理論哲学の問題やテーマが肝要なのです。

　この違いは、それぞれの教科の**目標設定**などに影響を与えています。高次の倫理的テーマによって価値教育の領域の主要な目的を追究し、生徒に主として道徳教育を行おうとする諸教科がある一方で、哲学を幅広く扱う諸教科では、省察と「考える文化」（エッケハルト・マルテンス）

全般の育成がレーアプラン〔日本の学習指導要領に相当〕編成上の主眼に置かれています。後者が、NRW 州で導入された**「実践哲学科」**なのです。

２．実践哲学科の授業方法の考え方

　ドイツの多くの州で行われている倫理科の授業とは異なり、実践哲学科では２学年ごとに共通して割り当てられた以下**７つの問題領域**によって、過去 2500 年のあいだに培われてきた多彩な哲学的省察のすべてをカバーしています。

1．自分自身への問い（人間学）
2．他者への問い（社会哲学）
3．良い行いへの問い（倫理学）
4．法律、国家、経済への問い（法哲学、国家哲学、経済哲学）
5．自然、文化、技術への問い（自然哲学、文化哲学、技術哲学）
6．真実、現実、メディアへの問い（認識論、メディア哲学）
7．起源、未来、意味への問い（形而上学）

　したがって宗教科の代替教科として 1995 年に NRW 州議会によって選ばれたこの「実践哲学科」という名称は、授業方法上の原則を示しています。すなわち、**倫理学や国家哲学（Staatsphilosophie）** などの古典的な**実践哲学**の分野に教科内容を限定するというよりも、行為を方向付けるという原則です。
　カリキュラムでは、上に示した７つの問題領域に加え、**３つの授業方法の観点**が定められています。それらは、個人的、社会的、そして思想的観点の３つです。７つの問題領域内の各々の重点的内容は、これらの各次元で扱われるという仕組みとなっています[(2)]。
　目下、ドイツで優勢な**コンピテンシー志向**[(3)]に対応するため、「実践哲学科コアカリキュラム」（2008 年）では、授業で獲得される能力を、個人的コンピテンシー、社会的コンピテンシー、さらには事象コンピテンシー、方法コンピテンシーの４つに区分しています[(4)]。まず、方法コンピテンシーは、「論理的に議論する」「哲学的な対話を行う」「文章を分析しその意味を解釈することができる」などの能力を含んでいます。次に、事象コンピテンシーには、世界の宗教などに関する専門知識に加えて、人間存在や自然との関わりに関する問いへの自律的な省察や、多文化共生に向けた文化や宗教の意味の評価が含まれています。それに対して、個人的コンピテンシーと社会的コンピテンシーは、自己や他者とのそれぞれの価値に方向付けられた行為に深く関わっています。具体的には、社会的コンピテンシーでは、相手や相手の信条に対する敬意を持つ人は、相手の立場を受けとめ、相手と協力し、共に責任を引き受けることができると示されています。個人的コンピテンシーには、判断力を養うために、自己の強みと心構えを培うことが含まれています。

3．教科書の構成

　目標に方向付けられた従来の授業では、教師の意図がより強く反映しているのに対して、コンピテンシー志向の授業の場合、生徒が到達すべき能力が重要となります。同時に、それぞれのコンピテンシーに実際に到達したかどうかを確かめることのできる観察可能な指標が参照できるようになっています。この教科書では、5年生と6年生の2学年にわたる4つすべてのコンピテンシー領域の教育について全般的に記述しており、基本となる10の章では、さまざまな問題領域とテーマ領域が設定されています。

3.1　見開きと章の構造

　各章は見開きで区切られており、導入場面と終末場面の各見開きが章ごとの枠組みを構成しています。各章の導入場面のページでは、視覚的にテーマへと導いています。以降のページでは、成長する子どもの生活世界に接近した内容や、美術史のなかでも価値ある絵画をとりそろえることによって、美的教育への刺激を与える内容、あるいは哲学について具体的に説明する内容が展開されています。各章の終末場面の見開きの左ページでは、そのつど、学習の成果としてどのくらい知識の幅が広がったかが確認できるようになっています。一方、見開きの右ページでは、学習者が関心を持つプロジェクトの提案がなされています。こうして、各章の重点を、学校外でもチームの協働によって実践的に深めたり、新たな文脈へと創造的に転換したりすることができるように配慮しています。

　各章では、考えを深めるために、二つ以上の見開きが設けられている場合もあります。それぞれの見開きないし小単元では、章の文脈に即して関連するテーマの重点が示されています。ただし、見開きは授業のなかで別個に扱われてもよいし、他の箇所と関連づけることも可能です。関連づける際のヒントは、教科書の欄外の段に示されています。このようにして、この実践哲学科教科書では総合的に、網目状に知を発達させようと方向付けているのです。

3.2　課題のルーブリック

　この教科書では、自律的な判断力を発達させるために、補足的な学習課題をとおして、哲学的に重要な事柄について自由な議論ができるよう支援しています。自分の立場を必ずしも一貫して根拠づけることができない場合があるとしても、議論を促し、相互に傾聴する態度を尊重することが必要なのです。

3.3　まとめ・考えるきっかけ・補足情報

　小単元では、知を定着させるために、学習成果を確実にするまとめをグレーの背景で示しています。そこでは、学習者はテーマの重点に関する最も重要な情報を見つけられるでしょう。さらなる考えるきっかけや補足情報は、欄外またはいわゆる情報ボックスのいずれかで見つかるでしょう。

3.4　諸教科にわたる力点

　各章では、教科横断的な学習内容が四角の囲み線で強調して示されており、知をネットワーク化していくことができるでしょう。教科横断的な学習内容は、他のさまざまな教科での哲学的な問いや可能性に焦点を当てているばかりでなく、哲学的に考慮すべき事柄に対する専門的かつ具体的な基礎を与えています。

3.5　方法をめぐるトレーニング

　まず、専門的かつ学際的な方法のレパートリーを持っている人こそが、哲学的な問題やテーマに独自にとりくむことができます。この教科書では、それぞれの見開きの課題において多様な学習形態が考慮されており、方法コンピテンシーを体系的に培うことができるでしょう。これらには、思考の実験、ロールプレイング、図絵や写真を用いて考えるといった創造的な方法や、ジレンマについてしっかり考えてみる、哲学的テキストを分析するといった認知的学習形態が含まれています。こうした形態やその他の重要な方法は、各章において二重線で囲われた学習方法ボックスで説明されており、生徒が、前後の文脈とは無関係に他のテーマ領域でも応用できるように提案されています。

ローラント・ヴォルフガング・ヘンケ博士
エファ・マリア・ゼーヴィンク博士

注

(1) 実践哲学科コアカリキュラム（Ministerium für Schule und Weiterbildung des Landes NRW (Hrsg.) (2008). *Kernlehrplan Praktische Philosophie; Sekundarstufe I*. Ritterbach Verlag: Frechen, S. 9f.) 参照。

(2) 実践哲学科コアカリキュラム (*Kernlehrplan Praktische Philosophie*, S. 11f.) 参照。

(3) 訳者注：「何を知っているか」から「どのような問題解決を現に成し遂げるのか」への転換を指す（奈須正裕（2015）「コンピテンシー・ベイスの教育と教科の本質」奈須正裕、江間史明編『教科の本質から迫るコンピテンシー・ベイスの授業づくり』（図書文化社）。

(4) 実践哲学科コアカリキュラム (*Kernlehrplan Praktische Philosophie*, S. 12-15) および前期中等教育段階の倫理・哲学科教育スタンダード（Bildungsstandards für die Fächer Ethik, Humanistische Lebenskunde, LER, Philosophie, Philosophieren mit Kindern, Praktische Philosophie, Werte und Normen in der Sekundarstufe I. In: *Ethik & Unterricht*, 4/2006, S. 42-44) 参照。

[凡　例]

1．原文中の（　）は、訳文においても（　）とした。加えて、原語を表記する際にも（　）を用いた。
2．訳文中の訳者による補注は、〔　　〕で示した。
　　例　レーアプラン〔日本の学習指導要領に相当〕
3．通貨レートは、1ユーロ約123円（2019年6月時点）である。
4．原文中の用語解説を示すアステリスク（＊）は、訳文においても「＊」とし、巻末の用語集に収録した。
5．原文中の引用箇所が省略されている箇所は、(中略)と記した。
6．読者が小学5、6年生の場合も視野に入れ、訳者の判断でルビを付けた。

目　次

日本語版『実践哲学科（じっせんてつがくか）』読者へのことば　3

自分自身への問い

第1章　わたしの生き方――自由な時間、気ままな時間　13

1. わたしはいったい誰なの？　14
2. 一人ひとりの人間は、どのようにちがっているの？　16
   学習方法：探検旅行（たんけんりょこう）を空想しよう！　18
3. 男の子らしいってどんなこと？　女の子らしいってどんなこと？　20
4. ほかの人はわたしとはちがう方法で学んでいる　22
5. あなたには正当な権利（けんり）があるのだから！　24
6. 決断する――だけどどうやって？　26
7. 自由な時間をすごす　28
   プロジェクト：今日の自由な時間　29
8. 学校の運営に参画（さんかく）する　32
9. わたしの生き方にとって重要なのは？　34
   学習方法：マインドマッピング　35
   プロジェクト：1週間の日記　35

他者への問い

第2章　共同体のなかの人間　37

1. たった一人で暮（く）らす？　38
2. 共に生きる　40
   教科横断的学習（きょうかおうだんてきがくしゅう）（国語の学習と関連）：韻律（いんりつ）のあるドイツ詩とはどんな詩？　41
3. お年寄りにはわたしが必要――わたしにはお年寄りが必要　42
   学習方法：概念（がいねん）〔ものごとについての考え方〕を使って、あるテーマを表現してみよう　43
4. ほかの人はわたしとは違う　44
5. 家族との生活　46
6. 大勢のなかの一人としてのわたし　50
   プロジェクト：切手に描かれた子どもの権利　51

他者への問い

第3章　争いを解決する 53

1. 日常生活の中の争い　54
2. 心のかっとう　56
   学習方法：かっとうのなかで価値をはっきりとさせる　56
3. 争いを解決する――だけどどうやって？　58
4. どのようにして争いは起きるのか　62
5. 人間は学ぶことができる　66
   教科横断的学習（生物の学習と関連）：動物＝人間？　67
6. 正義を重んじ非暴力で生きることを学ぶ　68
   「わたしの生活から」――ゾフィーの争い解決ゲーム　68
   プロジェクト：理想の学校　69

良い行いへの問い

第4章　正直さと嘘――善と悪 71

1. 動物は嘘をつく？――人間は嘘をつく！　72
2. いつも本当のことを話さないといけないの？　76
   教科横断的学習（国語の学習と関連）：ミュンヒハウゼン男爵の物語　77
3. 真実はいつもはっきりしているわけではない　80
4. 善いと悪い　82
5. 「善い」ってどんなこと？　「悪い」ってどんなこと？　86
6. なぜ善い行いをし、悪い行いはしないでおくの？　88
7. 観点を変える　90
   プロジェクト1：「良い日」　91
   プロジェクト2：「良いこと」日記　91

法律、国家、経済への問い

第5章　ルールと法律 93

1. 何でもやりたいようにやっていいの？　94
2. 従わなければならないの？　98
3. 法律に違反するとどうなるの？　102
4. そもそもなぜルールがあるの？　104
   学習方法：ロールプレイ　104
   プロジェクト：実践哲学科の授業でのルールを作ろう　105

法律、国家、経済への問い

第6章　貧困とゆたかさ　107

1. 貧困——世界に対する挑戦　108
2. すぐそばにある貧困　112
   教科横断的学習（政治の学習と関連）：国家の義務　114
   学習方法：討論を行おう　115
3. 福祉を義務づけるべきか？　116
4. 「食卓」——貧しい人への食糧支援　118
   プロジェクト1：支援団体「食卓」への訪問　119
   プロジェクト2：希望を記したノートの作成　119

自然、文化、技術への問い

第7章　自然とともにある生命——ともに生きる動物　121

1. 「水がなければ、何も始まらない」　122
   教科横断的学習（生物の学習と関連）：羊水　123
2. 水を体験する——水を使う　124
   学習方法：思考の実験　125
3. 水——恵みか災いか？　126
   教科横断的学習（地理の学習と関連）：エジプト——ナイルの国　126
4. さまざまな宗教と水　128
5. 自然の一部としての動物　130
6. 動物と人間は違うの？　132
7. どのように動物に接するの？　136
8. どんな自然を望むの？　138
   プロジェクト：自然の多様性を守り、種の絶滅を止めよう　139

真実、現実、メディアへの問い

第8章　メディアが生み出す世界 ——「美しさ」と「みにくさ」　141

1. 限度のないメディア？　142
   学習方法：アンケートを取ろう　142
2. ケータイなしで!?　144

3．何もかもコンピューターで？ 146
4．あらゆるものがネット上に 148
5．美の輝き 150
6．美の輝きを真似する？ 152
7．何を美しいと思うの？ 154
8．身のまわりにある美しさ 156
9．ふりかえりましょう 158
　　プロジェクト：教室を美しくしよう 159

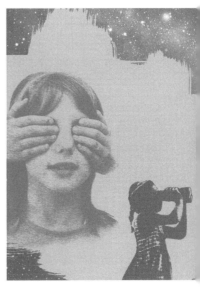

起源、未来、意味への問い
第9章　世界のはじまりとおわり 161
1．時間について深く考える 162
　　学習方法：声を出さずに筆談してみよう 163
2．時間のイメージ 164
　　教科横断的学習（地学の学習と関連）：鍾乳洞 166
3．神話は語る――世界と人間はどこから来たの？ 168
4．すべてはどのようにつながっているの？ 174
5．知識の限界 176
　　プロジェクト：宇宙への思考の旅 177

起源、未来、意味への問い
第10章　さまざまな宗教の生活と祭り 179
1．ユダヤ教 180
2．聖なる都、エルサレム 184
3．キリスト教 186
　　教科横断的学習（国語の学習と関連）：死と希望について――追悼儀式〔葬式〕の意味 190
4．イスラーム 192
5．ヒンドゥー教 198
6．宗教についての手がかり 200
　　プロジェクト1：信仰の篤い人と話そう 201
　　プロジェクト2：沈黙にふさわしい場所を見つけよう 201

用語集 202
監訳者解説 207

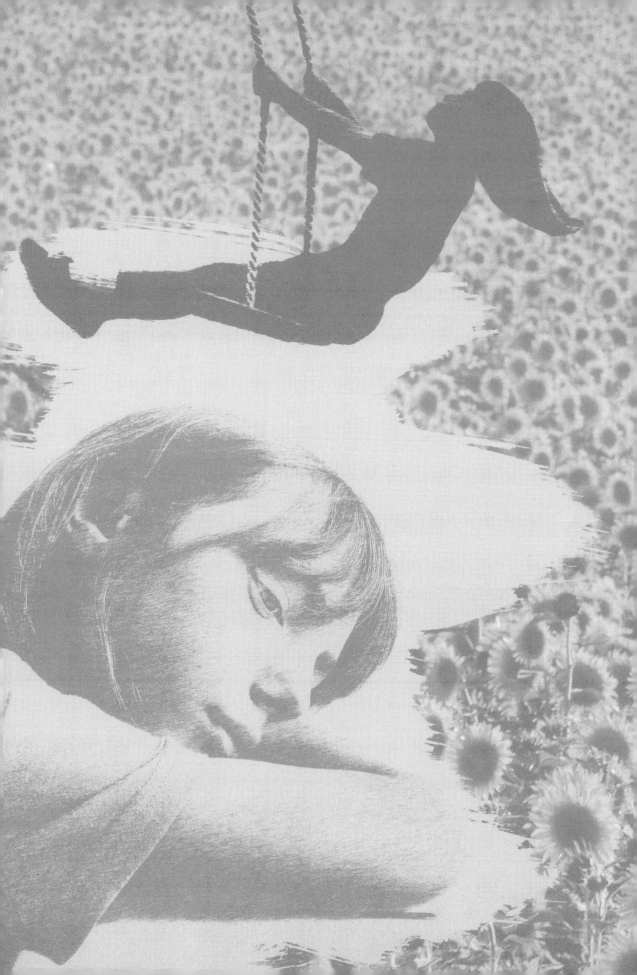

自分自身への問い

第1章　わたしの生き方
― 自由な時間、気ままな時間

わたしたちはレアとパウル。とても幸せです。なぜかですって？
新しい学校で、同じクラスになったのです。
一緒に学校の宿題を手伝ったり、
遊んだりできるのですから。
二人は、もうずっと仲良しです。新しい友達を
見つけることができるかどうかは、すぐにわかるでしょう。
もしかすると、新しい友達はリナかもしれません。リナとよく遊ぶからです。
けれど、リナは一人でいるのが一番好きです。いろんなことを
落ち着いて考えることができるし、飼っているダックスフントの
ディーゼルとはね回ることができるからです。
あなたがたも知っているはずです。楽しく、幸せでいる方法はたくさんあることを。

1　「楽しく、幸せでいること」。これについて短い物語を書き、おたがいに読み合いましょう。

韻律のあるドイツ詩◀
韻文(いんぶん)の最初の文字や音節を上から下に読むと、言葉や名前が現れる詩（41ページを参照）。

2　幸せな人生をイメージした詩を考えて書きましょう。詩の最初の言葉には「人生の夢」という語を使いましょう。

1. わたしはいったい誰なの？

　きみは女の子で、10歳です。余暇には、よく乗馬に行きます。学校ではとても優秀で、特に算数と芸術が得意です。首回りに十字架が付いたペンダントを掛けています。ケンカが起きると、そのケンカに口を出したり、先生に助けを求めたりします。

ヨナス

　マリーは怒っています。この前の哲学の授業の時間に、同級生の名前が書かれたくじを引くことになりました。それから、名前を引いた同級生がどんな子か、くわしく言葉で表現しなければなりませんでした。よりによって、ヨナスがマリーの名前を引いたのです。誰が誰の名前を引いたかは、黒板に張り出されました。そして先生は、子どもたちが書いたものをマグネットで黒板に貼り付けたのです。名前は付けずに。

マリーが見た夢

　得体の知れない物体が、マリーの部屋の中をふわふわと動いています。物体は、三つの球体から成り立つ雪だるまのように、つるつるで、銀色にほのかに光る身体を持っています。走るかわりに、ゴムボールのように飛んでいるのです。身体の真ん中が開くと同時に、物体は話したり、聞いたりしています。この見知らぬ生物が、マリーをベッドから持ち上げます。おかしなことに、マリーは何の不安も感じませんでした。ただ、自分の身体をとても軽く感じていました。

宇宙船で見知らぬ惑星へ飛んでいかなければならないことを聞いたとたん、マリーはとてもワクワクしました。もちろん、彼女はその見知らぬ生物の外見を受け入れることにしました。そうでもしなければ、彼女の存在がすぐ見破られてしまうからです。変身はすぐに終わり、マリーはまるで自分の新しい身体の中にいるように感じました。

　マリーは夢のような旅を経験しました。火のように真っ赤な惑星では、風船のように丸い小屋の中で生き物が生活しています。マリーはその惑星の祭りで一緒に祝い、一日中満腹が続くオムレツのような不思議なパンケーキを毎朝食べました。眠るときは、地面から1メートル上で宙ぶらりんの状態です。

　その後、新しい友達ができて、マリーは地球へと送り返されました。けれども、マリーは元の身体を取り戻すことはできませんでした。何かがうまくいかなかったのです。マリーはぎょっとして目を覚ましました。パジャマは、汗でびっしょりでした…。

　有名な哲学者であるルネ・デカルト（1596～1650）は、身体と精神（心）がどのようにつながっているのかについて、長年考えていた。デカルトの考えによれば、人間は精神と入れ物としての身体を持っている。この考えが正しいのかどうか、また精神と身体が互いにどのように結びつくのかということについて、今日まで哲学者たちはさんざん頭を悩ましている。デカルトは、哲学者のみならず、数学者や自然科学者でもあった。デカルトは、虹がどのようにできるのかを、自然科学の方法で説明した最初の人物であった（176ページを参照）。

1 マリーはなぜ怒ったのでしょうか？

2 まず、あなた自身がどんな人物か、おたがいに言葉で表し、その結果を交換しましょう。自分を再発見できましたか？　次に、自分自身について書き出しましょう。クラスの友人は、あなたをあらためて発見できましたか？

3 グループで、マリーが見た夢の続きを創作しましょう。次に何が起きるでしょうか？

4 マリーはおかしな外見になったにもかかわらず、家族や友人に自分の存在を気づいてもらうことができたかどうか、議論しましょう。

5 外見が変化した状態のマリーが、鏡の前に立ったと想像してみましょう。どのような考えが、彼女の頭に浮かんだでしょうか？　日記を書いてみましょう。

　自分自身を知りたくない人なんているのでしょうか？　この問いに答えることは、簡単ではありません。

　単純に人の外見だけを描写したものは、うわべだけで、完全ではありません。多くの人の場合、内面は隠されていて、それを明かすことは好まれません。ところが、たいていの場合、ボディーランゲージ（身体言語）が、内面で何が起きているのかをこっそり教えてくれるのです。

　人の内面には心が隠れています。このことを、たとえば哲学者であるデカルトをはじめ、多くの人々が信じています。しかし、心とはいったい何であり、心はどのようにして現れるのでしょうか？

2. 一人ひとりの人間は、どのようにちがっているの？

自分の感覚は信用できるの？

マリーはマックスと約束をした。マックスは彼女の隣の席に座っていて、まだ長いつきあいではないものの、もう友達のようになっていた。マックスはほかの少年のようにふざけることはあまりせず、マリーが木登りを好きなことや、乗馬に行くこと、ほかの少年とサッカーをすることを、素晴らしいと思っていた。そして、二人とも、考えさせる物語を読むことが好きだった。

マリーとマックスは、放課後、よくマリーの家の庭へかけていった。そこには、語り合うことや夢見ることができる、とても居心地の良いあずまやがあった。マリーはいつも急いでいたので、マックスは彼女に追いつけないぐらいだった。しだいに、彼はマリーがどのような話を聞かせてくれるのかをとても待ちわびるようになっていった。

ある日、庭に着くやいなや、マリーはさっそく話し始めた。マリーがとても興奮して話していたので、どのような話をしているのか、マックスははじめわからなかった。マリーがほかの惑星への旅や、もう二度と元には戻れない体について、夢を見ていたことを理解するまで、マックスは何度も質問をしなければならなかった。「目覚めると、混乱して不安になったわ」とマリーが語り続け、さらに興奮していった。「そうなったら、きみはわたしの存在に気づくことができると思う？」

マックスは、にやにやしながら彼女の顔を見つめて言った。「そもそも、きみはいつもこんな外見だとは限らないのじゃないかな？ ともかく自分自身を見てみなよ！」マリーは、怒って飛び上がった。「おかしなことを言うわね！ わたしが雪だるまのように見えるの？」しかし、マックスがふてぶてしいにやにや顔をして、彼の友達をまだなお横から見つめ、楽しそうにレモネードを飲んでいるうちに、彼女は疑い始めた。「鏡が必要だわ。鏡がなければ、わたし自身を見ることができないもの」。

彼女がぎょっとしたことに、マックスのにやにや顔は、ますますたえがたいものになっていった。マックスが言った次の言葉に、マリーは自分の耳を疑った。「鏡を使っても、きみの助けにはならないよ。ぼくたちの感覚はだまされやすいという話を読んだんだ。視覚というのは、触覚、聴覚、嗅覚と味覚とともに、五感の一つだからね」。

「わたしはそうは思わないわ」とマリーが言った。その瞬間、マックスは手さげかばんから分厚い本を取り出し、あるページを開いた。

この絵から何を見て取れるかを、描き出しましょう。絵の中の二人は、どこがちがっているでしょうか？二人の背の高さを考えましょう。そのあと、その答えが正しいのかどうかを、定規を使って確かめましょう。

水を入れたグラスにストローを刺しましょう。何が見えるかを言葉で表しましょう。錯覚がおこっていることは、どのようにすればわかるでしょうか？

マリーとマックスは、定規とグラスを用意した。彼らが実験（125ページ「思考の実験*」参照）を行った後、マリーはびっくりした。「いけない、感覚がだまされたわ。でも、外観だけをみて、お互いを理解できるのかしら？　違う外見になったとしても、どうやってわたしのことに気づくことができるのかを考えるべきだわ！」

　マックスは、よく考えて言った。「うん、きみがぼくやほかの人とは違うところが、ほかにもいくつかあるんじゃないかい？　きみはいつも笑い声をたてるし、いろんな馬の種類を知っているから、ぼくはきみを見分けることができるのさ。きみがいつもお皿の上にちょっぴり食べ残しを残すことも、すごく不思議だよ。ほかの人がそんなことをするのを、今まで見たことがないからね。それに、幸運が訪れるからって、いつも左足から靴を履く人は、きみのほかにはいないと思うよ」。

　マリーは太陽に向かってまばたきをする。マリーは、マックスがいてとても幸せに感じている。

将来、科学者になろうとする人は、小さい頃からきたえています。

1	16ページの実験*は、目に見える（視覚の）錯覚を起こしました。ほかの例を知っていますか？
2	錯覚について、ほかにどんなものがあるかを探してみましょう。さらに、事典を使ったり、理科や物理の先生に聞いたりしてみましょう。
3	マックスはマリーの友達です。マックスがいることを、どんな時でもマリーはうれしく思っています。 マリーはなぜそのように感じるのかを、考えてみましょう。
4	人間は、どのようにして見分けがつくのでしょうか？　リストを作ってみましょう。重要度が高いことをリストの上に、重要度が低いことをリストの下の方に書きましょう。
5	続いて、ある人物を選び、その人にどのような特徴があるのかを議論しましょう。

2．一人ひとりの人間は、どのようにちがっているの？

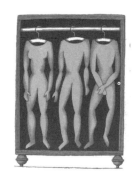

マックスは右の物語を見つけ、マリーに教えました。マリーは夢を見た後（14〜15ページを参照）、自分の身体以外で、ほかの人と何がちがっているのかについてよく考えました。自分の身体をわざと手放すという考えを、彼女は気味悪く感じていました。なぜマリーがぞっとしているのか、マックスはまったく理解できません。マックスは、メディコ・モンテーにワクワクし、新しい世界を発見したいと考えているのです。あなたがたはどうでしょうか？

遠い惑星への旅行――未来の旅行？

遠い惑星への宇宙船の飛行には長時間必要なので、宇宙工学者は新しい方法を考え出した。その一つが、2127年に開始予定の「メディコ・モンテー」である。美しい惑星である金星を目指す旅行者は、いまや宇宙船の滑走路にはもはや向かわず、コンピューターターミナルへと向かうのだ。そこで人間の全身がスキャンされる。身体、記憶と感情に関するすべての情報が保存される。その情報は、衛星を通じて、金星の受信ステーションに転送される。金星からの受信信号を受けると、すでに人工的に眠らされている地球上の人間は痛みを感じずに解体される。人間は、金星人として生き続けるのである。

ところが、すぐに問題、つまり技術的な欠陥が生じた。金星への道のりで、リーザ・M.のデータパッケージの一部が失われてしまったのだ。記憶と感情に関する情報はすべて到着したが、身体に関する情報が足りないのだ。この比較的少ない情報量が失われたことに気づく前に、受信確認を地球に誤って送ってしまったため、地球上に残されていた身体はすでに解体されてしまっていた。

専門家たちは現在、代わりとなる身体についてどのようなものを準備すべきか、議論している。

学習方法：探検旅行を空想しよう！

空想上の探検旅行とは、夢のような日のようなものです。自分自身をほかの環境に置き換え、新しくふだんとちがった観点＊から、人生を見つめてみようとすることです。

① リラックスして、緊張をほぐした状態になりましょう。
② さあ、目を閉じるか開けたままの状態で、別の「世界」への「探検旅行」に出発しましょう。
③ ある空想上の探検旅行に関する物語を読み聞かせましょう。

探検旅行を空想することで、ストレスを軽減したり、リラックスしたりできるでしょう。あなたがたの空想ではどうでしょうか？

1 「人生は川である」というある哲学者の格言があります。これまでの人生を、川のように思い描くことができますか？　たとえば、初めての登校日は、「流れを変える」出来事だったでしょうか？　ピアノのレッスンとは、「川の真ん中にそびえる岩」でしょうか？

2 マックスは、「メディコ・モンテー」にワクワクしました。あなたがたは、「メディコ・モンテー」のどんなところが良いと思いますか？
マリーは疑い深いので、そんな装置を導入することで起きる予期せぬ問題について考えています。自分がデータパッケージに変わったとしても、自分は「自分」のままでいられるのか、疑問に思っています。身体とは、単に衣類のようなものなのでしょうか？　あなたがたは、どう考えますか？

3 人生がメディコ・モンターによって送られたとしても、自分の人生をまだなお「川」のようにイメージできるのかどうか、議論しましょう。賛成または反対の理由を出し合い、整理しましょう。

　マリーとマックスは、哲学的に深く考えています。身体以外で自分自身を特徴づけるものがあるのかどうかを、二人はじっくりと考えていました。実験によって、自分の感覚を簡単に信じてはいけないということを、自分自身で確かめることができました。それでもなお、生き延びるためには、すべての人間に感覚が必要です。
　心が空間と時間を飛び越え、新しい身体の中でも存在し続けることはできるのでしょうか？　決定的で、あらゆる場合に当てはまるような答えを、マリーとマックスは見つけていません。むしろ、二人はたくさんの新しい疑問にぶつかりました。それにもかかわらず、哲学者はじっくり考えることをやめようとしないので、「哲学」は「知恵への愛」と呼ばれるのかも知れません。

2．一人ひとりの人間は、どのようにちがっているの？

3. 男の子らしいってどんなこと？
　　女の子らしいってどんなこと？

サッカーグラウンドで
　13歳の男の子であるベニーは、夏休みをアイルランドの海岸沿いの村で灯台守をしているおじいさんと過ごしています。そこでベニーはベイブという女の子と知り合いました。ベイブは、ベニーがこれまでに知り合ったすべての女の子とはまったくちがっています。

　チームのメンバーが、足を引きずりながら配置についていきました。ベニーは、無意識にフォワードのポジションにつきました。おそらく、敵のチームは、怪物のような大男に彼をマークさせるでしょう。ウェクスフォードのホームゲームで開催されたクリスチャンブラザースクールとの試合で、経験ずみです。「相手は誰だ？」と、ベニーは今まさにグラウンドの闘争心ある雄羊に見せかけているパウディに向かって叫びました。「わたし」という声がしました。ベニーは下の方を向きました。妖精です。「きみが？」「何か問題でもあるの、都会からきたおぼっちゃん？」。

男の子か女の子か？

　試合が始まりました。チームが戦略的にプレーしていると単純に思ったベニーは、自分のポジションにとどまりました。ほかの選手はグラウンドの真ん中の方へ突進し、手足をくねらしながらごった返す中へと消えていきました。ベイブは、混乱の中に飛び込みたくて、うずうずしていました。

　グラウンドでの身体のもつれ合いはまるでマンガの戦いのシーンのようで、土ぼこりの上でかがやく星や、「えい！」「ボーン！」「ズシーン！」といった言葉が現れるのをベニーは期待していました。しかし、信じられないことですが、ごった返す中からボールと一緒に出てきたのはベイブでした。

　ベイブはベニーを出し抜き、グラウンドのもう一方の端までの距離の半分まで、すでに進んでいました。

　「1対0。きみのせいだ、ベニー。ベイブはきみがマークすべき相手選手だよ。キックオフの時点で待ちかまえられていたんだ…」。

オーエン・コルファー『ベニーとベイブ』より

バレエで
　ティーベルさんがピアノで序曲（巻頭曲）を弾き始めようとしていました。
　ドアが開き、男の子がティーベルさんの方へかけ込んできました。顔が真っ赤なその男の子は、ティーベルさんの前で立ち止まりました。すると、ティーベルさんがとてもするどい質問をしました。「一緒にいるのはだれなの」？　その男の子が言いました。「ティムです」。
　男の子ですって！　今まで男の子はここに来たことがないのに。けれども、なぜだかわからないけれど、わたしは昔から彼を知っていて、見知らぬ関係ではなく、古くからの友人であるかのように感じたのです。皆の中で唯一の男の子が、本気で踊りたいと考えていることが、素晴らしいと感じたからかもしれません。
　ティーベルさんも驚いて、更衣室へ彼を案内すると、すぐに大きなささやき声とくすくす笑いが、ほかの女の子たちの間で始まりました。「男の子がバレエを踊るなんて！」

トーマス・ブリンクス、アンニャ・コーマーリンク『みんな男らしい——ティム以外は！』より

女の子？それとも男の子？

性格の特徴や行動様式というものは、男の子と女の子で区別することができるかもしれません。けれども、はっきりした分類は、そんなに簡単ではないのではないでしょうか？

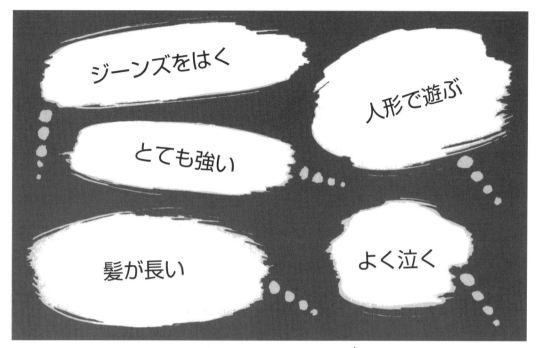

女の子または男の子の立場になってみましょう（観点＊を変える）。その人の人生では、どのような一日になるでしょうか。想像してみましょう。

1. 男の子のグループと女の子のグループを作りましょう。女の子と男の子に典型的な特徴を出し合いましょう。続けて、その結果をすべてのグループの前で発表しましょう。

2. その結果について、もう一度よく考えてみましょう。男の子と女の子は、着たい洋服を着ていいのでしょうか？　もし子どもが一般的な習慣に従わなかった場合、何が起きるでしょうか？

3. 女の子あるいは男の子に有利な教科があるのかを議論しましょう。

4. あなたがたの間で女の子と男の子との関係はどのようになっているのかを確かめましょう。雰囲気を良くするための提案をしましょう。

あなたがたは生物学上の性別を持っています。この性別によって、男の子あるいは女の子であることを際立たせる特徴や性質が現れます。それにもかかわらず、「典型的な男の子－典型的な女の子」という思考パターンにまったく当てはまらない共通性や好み、興味が存在しています。

次のように考えてみましょう。悲しんでいる時は男の子が泣いてもいいし、女の子が素晴らしいサッカー選手になることだってできるのです…。

3．男の子らしいってどんなこと？　女の子らしいってどんなこと？

4. ほかの人はわたしとはちがう方法で学んでいる

　記憶とはふるいのことでしょうか？　わたしたちは何を覚えているのでしょうか？　読んだことの10パーセント、聞いたことの20パーセント、見たことの30パーセント、見聞きしたことの50パーセント、言ったことの70パーセント、行ったことの90パーセントが、記憶されるのです。

　覚えておく必要があります。学習にさまざまな活動を取り入れれば取り入れるほど、たくさんのことを記憶できるのです。たくさんのことがらを話し、「やってみる」ことで、ただ聞いて黒板を見ているだけに比べて、より多くのことを学べるのです。

別の方法で学ぶ──どうやって？

　ゾフィーは5年前から視力を失っていますが、学校に通っています。
　どのようにすごしているのでしょうか？
　人間は感覚を使って周りの環境をとらえます。ある人はオーディオブックに集中することが得意で、ある人はもしかすると、文字を目で追うことから、本を読む方が好きなのかもしれません。いろいろな「学習の種類」があるのです。
　ひょっとすると、あなたはトニーに似ているかもしれません。トニーは、オリジナルの作品によく似た絵を描くのが好きです。生き生きとした想像力を持っており、朗読をしてもらうのが好きです。トニーは空想ゲームが好きですが、1年生の時、文字の形を覚えることがまったくできませんでした。トニーは授業中に夢見つつ過ごしていることが多く、そのことで先生とケンカになります。読むことと書くことがトニーにとって難しいので、国語は好きな教科ではありません。

1	ゾフィーの身体では、どの感覚が特に優れているでしょうか？　ある詩をとり上げて、その内容をゾフィーに紹介しましょう。その際、これまで学習してきた内容も参考にしましょう。
2	トニーにはどのような長所と短所がありますか？　トニーにはどのような学習方法が合っているでしょうか？ どのようにして、国語と算数を学ぶことができるでしょうか？
3	これまで、学習にはさまざまな方法があることを読んできました。あなたがたの学校での機会の公平や学習の公平について、どのように評価しますか？ 必要があれば、改善するための提案をしましょう。

一緒にアクティブに活動すれば、もっと簡単に学べるでしょう

1. テキストをくりかえして読む。
2. 先生がもっとゆっくり説明する。
3. 地理の授業で映画を観る。
4. 電気回路を組み立てる。
5. 英語の単語をくりかえして読む。
6. 辞書で単語を引く。
7. 感じたことを言葉や絵などであらわす。
8. 同級生があなたに説明する。
9. 教科書の図解をじっくり見る。
10. 英語の単語を書く。
11. 先生があなたに説明する。
12. 誰かがあなたに体操の練習のやり方を教える。
13. 新しい規則を教室にはり出す。
14. テレビでミュージックビデオを観る。
15. 寸劇を観る。
16. 文章の中からキーワードを見つけ出す。

何が頭にこびりついていて、なぜそのようになっているのでしょう？

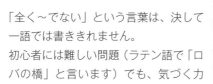

「全く〜でない」という言葉は、決して一語では書ききれません。
初心者には難しい問題（ラテン語で「ロバの橋」と言います）でも、気づく力を高めてくれます。

1 上に書かれた1から16の方法で学習したことがあるかどうか、思い出してみましょう。

2 問1の答えを同級生と比べた後、そのように答えた理由を考えましょう。ある特定の「学習の型」に当てはまるものはありますか？

3 「理解や記憶が簡単にできるヒント」を見つけ、教科別に分けましょう。

4 学ぶ方法と記憶するための方法をほかにも探してみましょう。索引カード1枚につき、一つの方法を書きましょう。見出しを赤色で書き、その下に重要な事柄をすべて書き込みましょう。記入した索引カードを集めて、木材などを使って自分の索引カード立てを作ることもできるかもしれません。

ここでは、どうすれば情報を一番良く記憶できるか、どのような前提条件のもとで物事を記憶にとどめることができるのかを学習してきました。この理解を将来役立てるとともに、身近なところで学習を難しく感じている友達を助けることができないかを考えましょう。目標を定めて、学習と記憶を計画し、それを実行し、さらに評価するということを積極的に行いましょう。多くの学校では、生徒同士で助け合う試みや、補習授業、学習プログラムといった独自の支援を行っています。身近なところでは、どのような支援がなされていて、それがいつ行われているのかを調べてみましょう。

5. あなたには正当な権利があるのだから！

親なら許されるの？

マリーの誕生日。マリーはついに11歳になりました。友人と過ごしたパーティーはすてきで、特にテントの中で過ごした一夜は素晴らしいものでした。もちろん、たくさんのプレゼントもうれしいものでした。祖父母からはお金を贈られ、貯まったおこづかいは120ユーロになりました。翌日、さっそくマリーは、テレビ、コンピューター、DVDプレーヤーやゲーム機を売っている大型店へ出かけました。マリーはアイトーイを買って、プレイステーションをアップグレードしたかったのです。カメラの前での動きがコンピューターゲームのプレーシーンにどのように影響を与えるか、彼女は友人たちに夢中で語っていました。そしてマリーはその機械を購入しました。

両親が夜になってマリーの部屋に入った時、信じられない光景が広がっていました。その機械を買うことになぜ反対なのかを、両親は何度もマリーに説明していました。彼らは、次の日にマリーと店へ行き、返品しようと考えました。

親

親は、「未成年の子どもの面倒を見る権利と義務」を負っており、とりわけ「子どもを教育し、監視し、居所を定める権利と義務」も負っている。

ドイツ民法典 1626 条および 1631 条 1 項

子ども

「法定代理人の同意を得ずに未成年者が行った契約」は、未成年者がその契約のために入手した金銭または自由に使える金銭によって支払われた場合に限り有効である。

ドイツ民法典 110 条（「おこづかいに関する条項」）

ドイツ（プロイセン）では、1717年に就学義務が導入されました。すべての子ども——家庭教師から授業を受けていた子どもと寄宿舎に住んでいた子どもも含む——は、「国民学校」に通わなければならなくなりました。それまで一般的であった児童労働に打ち勝って、就学義務の価値が認められたのです。

国際連合は1989年、教育を受ける権利が地球上のすべての子どもの権利となることを要求しました。

第1章 わたしの生き方——自由な時間、気ままな時間

それぞれちがう日常の世界

サヴィタは10歳で、インドに住んでいます。2年前からサヴィタは毎日朝から晩まで、小さくて息詰まるような空間で働いています。ほかの少女たちとともにサヴィタは、世界中の多くの国で売られることになるじゅうたんを編んでいます。きつい一日が終わると、サヴィタは仕事場で眠ります。サヴィタは仕事の給料をほとんどもらえません。学校に通いたいにもかかわらず、通えません。

ティムは、ドイツのノルトライン・ヴェストファーレン州に住んでいます。ティムはもう学校には通いたくありません。毎日、学校から不満そうに帰っています。同級生とも仲良くやっていけず、ティムの言うことは先生から真に受けてもらえず、もう長い間、授業は彼にとってつまらないものとなっています。

1 なぜマリーの買い物が、利害の衝突の原因となっているのかを考えましょう。論争の中で、両親はどのような具体的な例を出すことができるでしょうか？ ロールプレイを演じて、一緒に答えを見つけましょう。

2 議論しましょう。マリーは両親との論争の中で、おこづかいに関する条項を引用することはできるでしょうか？

3 サヴィタは学校に通いたいけれど、ティムは通いたくありません。あなたがたはどうですか？

4 あなたがたの身近なところでも、インドのような児童労働が存在するのかどうかを調べましょう。

公平な方法で、人々がうまく共生することができるように、法律が存在します。家庭では、ルールがあれば、一緒の生活がうまくいきます。それぞれの家庭は、独自の家庭ルールを作ることができます。しかし、特定の権利や義務は法律で定められています。

それにもかかわらず、わたしたちは毎日、さまざまな状況で、次のような新たな決断をしなければなりません。「はい」または「いいえ」と言うこと。何かをする、またはしないこと。なぜ最終的にそのように決断するのかを知ることには、価値があります。それがわたしたちの義務だからという理由だけで、行動するのでしょうか？ 法律がすべての決断を定めているのでしょうか？ わたしの決断は、ほかの人々の生活にどのような影響を与えるのでしょうか？（92～97ページ「第5章　ルールと法律」参照）

6. 決断する──
　　だけどどうやって？

　マリーは決して決断をすることができません。「何を着ようか？」「休み時間に食べるパンを持っていこうか？」「学校へバスで行こうか、自転車で行こうか？」

　ついにマリーは打開策を見つけました。マリーに代わって決断をしてくれる、サイコロです。「はい」か「いいえ」を、「今」か「後」かを、「場合によっては」もしくは「しないほうが良い」などを、サイコロが示してくれるのです。

　「これが一番簡単な方法よ！　わたしがサイコロを振る間、ほかの人は頭を働かせないといけないのだから」とマリーは信じています。

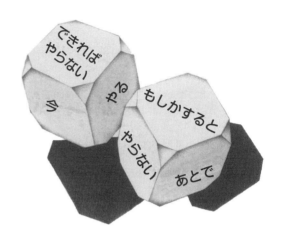

決断する時、頭の中では何が起きているのでしょうか？

　頭の中で小さなサイコロが投げられることはないと、脳科学者は信じています。人が決断をする状況では、それまでに起こった経験の影響を受けるという前提があるのです。ただし、すべての人間は、さらに経験を積み、そこから学ぶことができます。

　あらゆる考え、感覚への刺激と感情の動きは、わたしたちの脳の中で、いわば雪上の足跡のように残ります。これらの足跡がたくさんある場所では、人がより容易に通れる広い道があるのです。それによって、時間の経過とともに、わたしたちの脳の中に「地図」のようなものが生まれ、地図の助けを用いて方針を決めることができるのです。

　決断するということは、自分自身とほかの人への責任を引き受けるということです。それは簡単なことではなく、どのような助けを得るのかがかかわっています。その手がかりは、良い経験、そして悪い経験にあります。そうした経験は、わたしたちが内面の考え方や内面的な価値に気づく以前に、影響を与えているのです。内面的な価値は、決断をする際に表面化します。これまでに、あなたがたはこのような経験をしているでしょうか？

あなたがたはどのように考えますか？ 決断リストを作りましょう。
子どもは何歳から自分で決めて良いのでしょうか？
- どの洋服を着るか？
- 何時に寝るか？
- どの学校に通うか？
- どのくらいの時間、外出するか？
- どのような政策が実行されるべきか？
- クッキーが欲しいかどうか、何枚欲しいか？
- 自動車を運転するか？
- …？

1. くねくねした道が描かれた絵で、結び目の前に男が立っています。同じような状況を知っている人はいますか？ あなたがたなら、この結び目をほどくことができるでしょうか？ もしあなたがたが決断しないのならば、誰が決断できるのでしょうか？

2. 自分の決断サイコロを組み立てましょう。それを使って、マリーの決断方法を一日間試しましょう。夜になったら、どのような状況でサイコロを投げたのかを日記に記録しましょう。どのような場合にサイコロに決断をゆだねましたか？ いつあなたは自ら責任を負いましたか？

3. 次の年齢の子どもたちによって、どのような決断が下されることが可能か（あるいはどのような決断が下されるべきか）について、議論しましょう。
    - 3歳の子ども
    - 7歳の子ども
    - 11歳の子ども
    - 14歳の青少年

   このページの決断リストを完全なものにし、その理由を述べましょう。

4. 選んだ決断のそれぞれについて、考えを書いたカード（マインドマッピング）を描きましょう（35ページ「方法：マインドマッピング」参照）。

> 判断を下すことは、時に難しいものです。近くにいる人に助言を求めると、役に立つ場合があります。しかし、長い間考え、賛否両論（さんぴりょうろん）を慎重（しんちょう）に検討しても、あなた自身の決断が「腹痛」を引き起こすことがあります。つまり、自分の感情に反して、その決断が下された時です。何かに対する議論は、四つの反対理由より価値があるのです。

7. 自由な時間をすごす

　13歳の男の子のタニッザロは、タイにある仏教の僧院の修行僧（新入り）です。同い年のパウルは、ドイツのブランデンブルク州の小さな町に住んでいます。二人が一日の流れを語っています。

タニッザロ：僧院でのぼくの一日

5：00　　起床の鐘が鳴り響き、修行僧が起きて、身体を洗う。
5：30　　たく鉢に出かけ、修行僧は朝食と昼食のための食料を受け取る。
6：30　　広い本堂で、朝の聖典を唱える。
7：30　　皆で朝食を食べ始める。その後、僧院の敷地でのちょっとした仕事を片付ける。たとえば、道を掃き、台所を手伝い、多くの修行僧は宿題をする。
11：00　僧院の昼食、その後昼休み。
13：00　学校の授業が始まる。たとえば、英語、歴史、物理、パーリ語（ぼくたちの聖典の言語）。
15：45　余暇。サッカーやフリスビーで遊ぶ時間、あるいはぶらぶら過ごす時間。
16：35 〜 16：50　瞑想。
17：00　ブッダの教えに関する授業。
18：00　夜の読経、そして寝床での沈黙（やりたい時間に）。

パウル：家庭でのぼくの一日

　「誕生日に何が欲しい？」と、昨日母に聞いてみた。すると、「休みがもらえて一日がもう1時間長ければいいのに！」という答えが返ってきた。けれど、一日はたった24時間しかない。「友人や家族と一緒に過ごす時間がほとんど無い日」がよくあると母は言う。多すぎる仕事と少なすぎる休養のせいで病気になった人を知っているのだそうだ。人生の中でもう一度休む場所を見つけようと、静かな場所を訪れる人もいれば、力を「貯める」ために修道院で短い間過ごす人もいる。

　ぼくの場合はどうだろう？　毎日6時に起き、急いでシャワーを浴び、服を着て、朝食を食べる。6時40分にバスが出発してしまうからだ。普段は7時半から14時まで学校にいる。そのあと、急いで家へ帰る。食事をとり、音楽を聞きながら宿題をし、サッカーをする。19時に夕食をとるけれど、その前に食器洗い機を片付け、犬と散歩に行かなければならない。20時15分に、ようやく自分の部屋に行く…。

自由な時間に学ぶ？

ほとんどの人にとって、自由な時間はおそらく一日のうちで最高の時間でしょう。大人と比べて、子どもや青少年には比較的長い自由な時間があり、ドイツでは一日あたり平均5時間です。

> プロジェクト：今日の自由な時間
>
> 　自由な時間の活動は、自分自身の興味から選ぶことができます。なぜなら、自由な時間とは、しなくてもいい何かをする時間だからです。すなわち、だれもが自分らしくすごせる時間なのです。
> 1. あなたがたの1週間の自由な時間の行動を記録しましょう。どのくらいの時間、決められた予定で過ごしましたか？　ほかにどのくらいの時間、残っていたでしょうか？
> 2. 住んでいる場所での自由な時間の過ごし方について調べましょう。
> 3. あなたがたの地域ではどのような青少年プログラムが利用され、どのようなプログラムが利用されていないのでしょうか？　その理由を挙げましょう。

1	友達に趣味を紹介しましょう。その際、たとえば、パントマイムで伝えたり、パズルを用いたりしましょう。
2	調べてみましょう。あなたの学校には、自由な時間が面白くなるような手がかりはありますか？
3	タニッザロあるいはパウルの一日と、あなたのこれまでの一日の流れとを比べてみましょう。そこでの義務と自由な時間の活動を見つけましょう。さらに、学校生活と休息とを調和させた新しいプランを作りましょう。
4	プランを作る時に上手くいかなかったことは何ですか？　あなたにとっての「つまずきの石」とは何でしたか？　どのようにしてあなたはつまずきの石を道からよけることができるでしょうか、またその際、誰が助けてくれるでしょうか？

自由な時間の計画を立てる？

　自由な時間のすごし方を決めるのは、個人的な事情だけではありません。身近でどのようなプログラムが提供されているのか、またどのくらいの時間やお金を余暇のために使えるかどうかにも左右されます。結局は、日常の仕事も処理しなければならないのです。たとえば、宿題や家庭での義務などがあるでしょう。

　しかし、仕事と自由な時間の境界をいつもはっきりと線引きすることは可能なのでしょうか？また、自由な時間の活動と義務は相容れないものでしょうか？

リーザとティーナは、自由な時間にまったく異なった過ごし方をしています。上の二人の予定にはそれぞれの好みや興味がうかがえるので、二人の女の子のことを少し心に思い浮かべることができるでしょう。

余暇ビジネスは急成長しています。多種多様な余暇活動には、多額の費用がかかります。

そのお金を、青少年が稼いでいる場合もあります。

年少労働者保護法は、青少年が働く際の条件を定めています。

文書の処理に慣れるために、6年生が自発的に市民大学のコンピューター入力コースに通っています。

セムはコンピューターマニアです。彼は長時間、画面の前ですごします。特に戦略ゲームを「クール」だと思っています。セムは、コンピューターを技術的に最新の状態にするためにお金が必要です。そこで、セムは毎週土曜日に新聞配達をしています。

1 リーザとティーナの予定を手がかりに、二人について描写しましょう。二人の余暇の計画から、リーザとティーナの将来にはどのような可能性があるのかを議論しましょう。

2 青少年だった頃に気ままな時間がどのくらいあったのかを両親に聞きましょう。あなたがたの自由な時間は20年後にはどのようになっているかを描写しましょう。

3 思考の実験を行います。独裁制の下で、10歳以上のすべての子どもと青少年が自由な時間を持つことを国家が妨げています。
朝から晩まで学校の活動があり、それに引き続き、スポーツや仕事などの活動が指示されます。食事時間や睡眠時間もまた、厳しく監視されています。
そうした環境で、子どもや青少年がどのように成長していくかを議論しましょう。

　自由な時間は、気ままな時間以上のものです。それはリラックスして、日常生活から回復する機会なのです。この時間は、多くの人にとってとても価値のあるものです。だからこそ、この時間をただすごすのではなく、いつ、どこで、誰とリラックスしたいのかについてじっくりと考えて、この時間を活用しているのです。

　まさに自由な時間に、自分の長所を伸ばし、それを拡げ、あるいは自分にとって新しいものを発見することもよくあるでしょう。こうした経験が、「わたし」自身を充実させ、日常生活を豊かにすることにつながるのです。

8. 学校の運営に参画する

昔の学校と今の学校

1	それぞれの写真にふさわしい見出しを付けましょう。
2	今の学校生活と昔の学校生活のそれぞれに典型的な特徴を見つけ出しましょう。
3	両親や祖父母に、当時の学校生活についてインタビューをしましょう。もしかすると、写真や昔のノート、教科書、そのほかにもあなたが授業に持ってくることが許される物があるかもしれません。 それらの物は、多くの歴史を語ることができる大変価値のあるものなので、取り扱いには十分注意しましょう。
4	あなたがたの学校に「学校史」があるならば、それを見せてもらうか、あるいは地域にある学校博物館を訪ねましょう。

学校の運営に参画する──だけど、どうやって？

　昔と今の学校についての調査によって、両親や祖父母が学校に通っていた時代と比べて、今日の生徒がより多くの権利、しかし同時により多くの義務も合わせ持っていることが確認できたでしょう。あなたは一年のうち多くの日や週を学校で過ごし、学年ごとにしだいに多くのことを学んでいきます。この期間に無数の人に出会います。あなたはますます自立していき、一日の多くを過ごす場所で、意見を言い、決定に加わることになるでしょう。

　あなたの考えでは、学校生活のどの領域において、生徒は共同発言の権利を持つべきでしょうか？　どの領域では、生徒は自分自身で決定することが許されるべきでしょうか？　具体的な提案を書き、その後グループで議論しましょう。

　ドイツのそれぞれの州には学校法があります。学校法は各州の学校制度を定めているほか、学校生活への参加のすべてに関する義務、さらには学校運営、教師、生徒の義務と権利を規定しています。

学校での生き生きとした民主主義*

学校での民主主義──たとえばドイツのノルトライン・ヴェストファーレン州の場合

　ノルトライン・ヴェストファーレン州の学校法では、学校会議が、学校における共同の機関（委員会）と考えられています。保護者、生徒と教師の代表が一緒に会議に参加します。

　議長は校長ではあるものの、校長には投票権がありません。代表は、保護者会、生徒会、全教員会議から選ばれます。すべての代表は、学校の重要な事柄に関して助言を行い、決議にも参加します。

1　学校の管理職の一人を授業に招待し、その人が取り組んでいる課題についてインタビューを行いましょう。

2　問1に関する質問リストを授業で準備しておきましょう。その際、次の質問に特に注意すると良いでしょう。
　学校を管理する人々は、どの課題を自分たちで解決すべきだと考えているでしょうか。またどの分野について、あなたがたあるいはあなたがたの両親の支援がすぐに必要になると考えているでしょうか？

8．学校の運営に参画する　33

9. わたしの生き方にとって重要なのは？

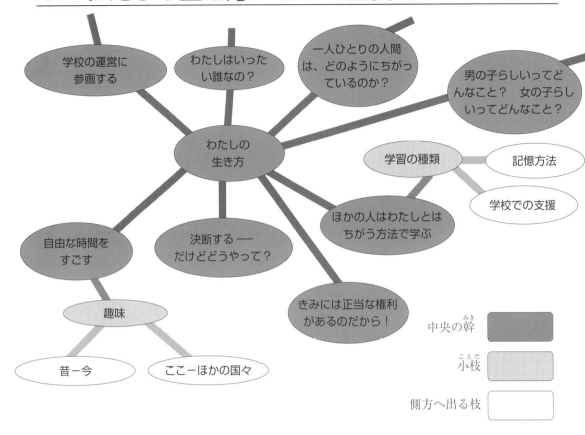

さて、すべてをふりかえれましたか？

　この章では、あなたがた自身の生活形成と関係のある問題やテーマについての見通しを得ました。すべてを覚えていますか？このページに載っている一覧表が、ふりかえりに役立つでしょう。

- 大きな一枚の紙に見取り図を書きましょう。それをOHPシートに書き写すこともできます。
- この章のテーマについて思いついたキーワードを、楕円のスペースに書かれた見出しに書き加えていきましょう。
- すでに書かれているもののほかに、新たな楕円のスペースを付け加えましょう。新しいスペースには、すでに取り上げられている概念について、あなたがたが考えた概念やアイデアを書くことができます。

　目の前に広がる図は「クラスター」と呼ばれます。これは、あるテーマに関するアイデアを集める時や、それらのアイデアをほかの人に伝える時、自分自身の心に刻みつける時に役立ちます。

学習方法：マインドマッピング
キーワードを並べる時に、考えのつながりに注意を払うことで、内容に関する関係性をより具体的に説明することができます。つまり、中央の幹（みき）、小枝（こえだ）、側方に出る枝によってキーワードが結ばれた結果、キーワードの関係性を言葉で表すことになるのです。そのような概要図（がいようず）を用いて、あなたがたの考えを目に見えるようにできます。クモの巣の糸のように、個々の概念はあなたがたの考えを通して結びついているのです。そうして考えが分類されたクラスターは「マインドマップ」と呼ばれています。

プロジェクト：1週間の日記

　これから、ある実験に参加してみましょう。このプロジェクトでは、第1章で述べられたテーマが本当にあなたの生き方の一部になっているかを確認します。そのために、毎日日記を付けるように、1週間の毎日、短いレポートを書いてみましょう。

　大事なことは、「何をしたか」だけではなく、その時「何を考えたか」や「何を感じたか」「何に疑問を持ったか」を言葉で表していくことです。

　たとえば：9月14日、わたしは珍しい夢を見た…。

　あるいは：9月16日、わたしはとても腹を立てた、なぜなら…。

　最初のうちは、このような文章を書くことは難しいかもしれません。しかし、時間とともに慣れていくことでしょう。時間を取り、静かな場所を見つけ、誰にも邪魔（じゃま）されないようにしましょう。何かを書き始める前に、じっくりと考えましょう。

1 1週間後、自分の日記を紹介しましょう。もちろんそれを望む場合のみです。話したくないことは、秘密のままにして良いでしょう！

2 あなたがたの物語、経験、考え、感情のどれが、第1章のどのページに当てはまるのかを、今みんなで考えましょう。
もう一度くわしく話したいテーマがあるかもしれません。

【図書案内】
アンネ・フランク『日記（1942～1944）』（フランクフルト・マイン、フィーシャー文庫、1998年）
（ドイツ系ユダヤ人のフランク家は1933年にアムステルダムへ逃れ、ドイツ軍が侵攻した1940年の後も数年にわたって屋根裏に隠れ住んでいた。その場所で、13歳の女の子であるアンネ・フランクが一風変わった日記を付け始めた。）

9．わたしの生き方にとって重要なのは？

他者への問い

第2章　共同体のなかの人間

わたしたちの日常は、変化に富んでいて、エキサイティングです。わたしたちはあちこちを訪れ、わたしたちの考えによってその場所や場面を豊かにし、独自のアイデアと行動で作り上げていきます。その過程で、わたしたちとほかの人が出会い、道が交わります。日々、わたしたちはさまざまな役割を果たしているのです。

1 この見開きページが、あなたがたとほかの人について何を表しているのか説明してみましょう。

2 詩「ジグソーパズル」を読み、あなた自身の人生のモザイクを、白い紙に文字で書き出すか、図にしてみましょう。

ジグソーパズル

わたしときみからできたモザイク
わたしたちときみたちと、目を閉じてできたモザイク
縛(しば)り首と射殺からできたモザイク
白パンと黒パンとパイからできたモザイク
天国　地獄(じごく)　地面の砂からできたモザイク
敵の足と兄弟の手からできたモザイク
きみと　わたしと　わたしのものと　きみのものからできたモザイク
悲しみからできたモザイク　幸せからできたモザイク
一生の間　きみの一部分を付け加えて
関係性によってつなぎ合わせていって

　　　　　ギュンター・クーネルト『わたし　きみ　彼　彼女　それ』より

1. たった一人で暮らす？

たった一人でいること
これについての生徒の答え
「不安です」
「退屈です」
「落ち着くし、リラックスできます」
「素晴らしい、何と言ってもわたしのための時間です」

親愛なるベニーへ
　きみがこの手紙を読む時、ママとパパはすでに飛行機のなかでしょう。
　ママとパパは、七日間の予定で、急いでロンドンに行かなければなりません！
　おばあちゃんの電話番号は、ホワイトボードに書いてあります。
　一人でも上手くやってゆくことができるよね？
　信頼しているよ、ママとパパより。
　＞＞「なんて最高」とベニーは思います。

ロビンソン・クルーソーの場合

　さまざまな理由から、人は、たった一人で生きたり、それどころか長い間完全に自立するような生活状況に入ったりすることがあるかもしれません。イギリスの作家ダニエル・デフォーは1917年、『ロビンソン・クルーソー』という小説を書きました。
　この本は本当にあったことに基づいて書かれています。

　小説の主人公であるロビンソン・クルーソーは、海難事故の唯一の生存者として、ある島に取り残されました。彼は28年ものあいだ、南アメリカのオリノコ川の河口近くの熱帯の島で暮らさなければならず、そのうちの25年間はほかの人間とは暮らさず、飼っていた動物たちのみと暮らしました。

38　第2章　共同体のなかの人間

さてどうする？ ロビンソンはよく考え、比べてみた。

良い面	悪い面
・わたしは生きた。ほかの仲間のように海の中で溺れ死ぬことはなかった。	・運命によって、いつか自由になれるという希望を持つことができない荒れ果てた島に漂着した。
・死をまぬがれるために、ほかの乗組員とは別れた。わたしは空腹で死ななかった。すなわち、食料がとれない不毛の土地で飢え死にしたわけではない。	・人間社会から引き離され、みじめな生活を送るために、いわば追放された。もう人間の一員ではない。わたしは世捨て人であり、追放された人でもある。
・アフリカの海岸で見たような野生の動物はいない島に、取り残された。そんなところに漂着していたらどうなっていただろうか？	・ほとんど無力で、人間や動物からの攻撃に対抗するための道具をわずかしか持たない。
・服を持っていたとしても、着る必要がまったくない熱帯地域でわたしは暮らしている。自分の要求を満たすことに役立つあらゆる物を得ることができるくらい、海岸に近いところに船は漂着し、死ぬ時までなんとかやっていける。	・着る服がない。一緒に会話をすることができる、元気づけてくれる生き物は、周りには誰一人としていない。

…そして――危険な状況下で25年経った後――ロビンソンは、「金曜日」と名付けた仲間に出会いました。ロビンソンが家に帰ることがかなうまでの3年のあいだ、ロビンソンはいくつかの冒険を生き抜きました。

1 話し合い：このような島での生活には、どのような良い面と悪い面があるでしょうか？話し合いの時、上に書かれているロビンソンの感じた印象の対比を参照しましょう。

2 ロビンソンが長い時を経て「金曜日」に出会った時、彼はどのように感じたのでしょうか。隣の人と意見交換をしましょう。

3 「金曜日」との出会いによって、ロビンソンの生活はどのように変わったのかを考えてみましょう。

4 ベニーの日常も、両親の突然の旅行によっておそらく変わったでしょう。ベニーは、現代のロビンソンとして、どのように生きのびていくでしょうか？
現代のロビンソン物語を自分自身で書きましょう。物語に挿絵を入れるのもよいでしょう。

いろいろな理由から人間は一人で暮らしています。たった一人でいることには恐れもあるでしょうが、予想外の力を解き放つこともあります。一定の孤独は、リラックスをして、心を落ち着かせるチャンスになります。

2. 共に生きる

一人であるいは皆と一緒に？

ヤマアラシ

　ヤマアラシの仲間は寒い冬の日、お互いの温もりによって寒さから身を守るために、かなり近くに寄り合います。

　しかし、ヤマアラシたちはやがてお互いの体の針を感じるようになると、再びばらばらに離れるのです。さて、温まりたいという欲求が彼らを再び近くに引き合わせると、（相手の体の針が当たるという）あの二番目の不幸が繰り返されます。その結果、彼らが最も耐えることのできる、お互いの間のちょうど良い距離を見つけ出すまで、二つの苦しみの中を行ったり来たりすることになります。

ドイツの哲学者　アルトゥル・ショーペンハウアー（1788～1860）

　この物語はたとえ話です。ヤマアラシの特徴と性質は、人間の共同生活に置き換えることができるでしょう。つまり、言葉や視線は人間がお互いを傷つける針のようになることもあります。「ヤマアラシの仲間の中」にいるように感じたことはありますか？

友情なのでしょうか!?

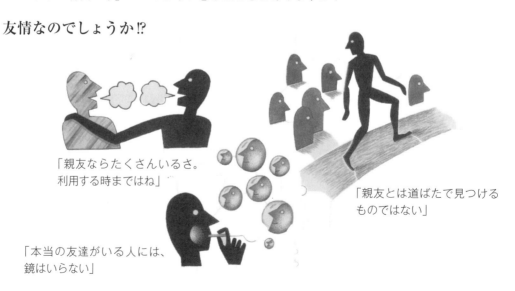

「親友ならたくさんいるさ。利用する時まではね」

「本当の友達がいる人には、鏡はいらない」

「親友とは道ばたで見つけるものではない」

「あなたがいるなんて、なんて素敵でしょう！」

ふ（フ）ランツとティーナは親友同士だ。
たしかな友情は3年前から続いている。
りかいしあい、お互いを尊敬する態度と正直さは、友情から生み出される。
はじめは共通の趣味を通じて、彼らの友情は固く結びついた。
まず、2年生が終わった頃、ティーナの両親が離婚した。
さらに、それが原因でティーナのお母さんとティーナは別の町へと引っ越していった。
に年生が終わり転校したティーナは、すぐに新しい「友人」をクラスで見つけた。でも本当はただの同級生だ。
なかよしのカロリーネはティーナの隣に座った。ただし、二人が一緒にいるのは授業中だけだ。
か（カ）ロリーネとティーナの二人は、お互いとても遠くに住んでいるという事情がある。
よき友人で、足を骨折していた男の子フランツの場合は違った。
しゅみがサッカーのフランツとティーナにとって、サッカーは人生そのものだったため、二人は一緒にクラブに入った。
だが、ティーナは最初のうちは、足を骨折していたフランツ抜きでしかトレーニングができず、フランツの代わりにプレーすることがゆるされた。その後、二人は一緒にプレーができた。ティーナは、フランツがサッカーをすることができないという悲しい数週間、フランツをサポートした。今では、二人は長い時間一緒に過ごしている。しだいに友情は育まれていった。仲間意識を持ち、お互いを尊敬し助け合いつつ、時にはけんかや問題もあったけれど。もしかするとこの友情は永久に続くかもしれない？

> **教科横断的学習（国語の学習と関連）：韻律のあるドイツ詩とはどんな詩？**
>
> 韻律のあるドイツ詩は、決まった規則に基づいて書かれる文章（たいていは韻文詩）です。つまりそれぞれの行の頭文字を上から下に読むと、ある言葉または名前になります。頭文字を垂直に読むと出てくる言葉は、それぞれの水平の行の文章の内容を説明しています。
>
> あなたがたが試すことのできる詩の形式はほかにもあります。たとえば、短歌や俳句などです。国語の授業で聞いてみましょう。

1 左のページの写真を見て、考えましょう：あなたはいつ一人で過ごしたいか、ほかの人と一緒に何をすることが好きか？　隣の席の人と自分の考えを比べてみましょう。

2 「あまり近づきすぎないで！」「きみが今必要なんだ！」これらの発言から一つ選び、その発言を使って、物語、漫画、詩、歌詞のどれかを選び、作品を作ってみましょう。

3 友情と仲間意識についての特徴の一覧を作成し、友情と仲間意識の違いを知りましょう。

4 仲間意識をテーマにした韻文詩を書きましょう。

> だれもが一度は一人きりになりたいと思っているでしょう——けれども永遠に？　なんて退屈なことでしょう！　一方、友情は自分の人生を豊かにすることができ、時には一生続くことがあります。しかし、二人の間で生じるそのような親しい関係は、育んでいかねばなりません。そこには、尊敬、信頼そして理解、また相手を認めることや、時にはけんかさえも含まれます。

2．共に生きる

3. お年寄りにはわたしが必要
── わたしにはお年寄りが必要

　人間は人生の流れの中で変わっていきます。人生とは、木の一年間の変化のようだと言われます。もしかすると、「美しい季節」について聞いたことがあるかもしれません。これは、老齢期のことです。

　60年後のあなたは、どのような姿をしているでしょうか？　あなたの姿を写真に撮って、その写真を加工してみましょう。

隣り合って、一緒に、向かい合って？

1900年の頃、ドイツの人々の平均寿命はたったの46歳でした。約100年後、平均寿命はすでに男性では74歳、女性では80歳です。年を取った人々は、広告では「生命に飢えた人々」として描かれることがしばしばあります。他に気づいたことはありますか？

年を取ったおじいさんと孫

　むかし、目はにごり、耳は聞こえず、膝（ひざ）が震えた年を取ったおじいさんがいた。さて、おじいさんがテーブルのそばに座っていたが、スプーンを持つことがほとんどできなかった。そのため、おじいさんはスープをテーブルクロスの上にこぼした上、スープが口からも少し垂れてしまった。おじいさんの息子とその奥さんはそれがたまらなく嫌だったため、年を取ったおじいさんをついに暖炉のかげの隅に座らせた。そして、おじいさんの食事を陶製の小さなボウルに入れて渡したが、食事の量が十分であることは一度もなかった。そうした時、おじいさんは悲しげにテーブルを見つめ、目はうるんでいた。おじいさんの震えた手がボウルを持ち続けることができず、ボウルが床に落ち、割れてしまうこともあった。息子の奥さんはおじいさんを叱ったが、彼は何も言えず、ただため息をつくだけであった。その後、息子の奥さんはおじいさんに数ヘラー（かつてのドイツの硬貨のこと）の木製の入れ物を買ったので、彼はそこから食べなければならなかった。

　家族が座っていると、4歳の小さな孫が地面で小さな板切れを集めていた。「何をしているの」と父親が聞いた。「ぼくは飼い葉おけ（馬のえさを入れる簡素な木の器のこと）を作るんだよ」「ぼくが大きくなったら、お父さんとお母さんはそこから食べるのだからね」とその子どもは答えた。夫婦はしばらくの間お互いをじっと見つめ、ついには泣き出し、すぐにおじいさんをテーブルに連れていき、それからはいつもおじいさんと一緒に食事をし、彼が食べ物を少しこぼした時も何も言わなくなった。

グリム童話より

学習方法：概念〔ものごとについての考え方〕を使って、あるテーマを表現してみよう

　あるテーマ（たとえば「年を取ること」）にかかわる言葉（名詞、形容詞または動詞）を見つけましょう。否定的な言葉は黒色、感情的な（気持ちに関係する）言葉は赤色、楽観的な言葉は黄色で書きましょう。その後、パートナーを探し、10個の重要な概念を一緒に決めましょう。その後、別のペアを探しましょう。今度は4人のグループで、もう一度10個の重要な概念を決めましょう。

　あなたの哲学ノートを作るため、一枚の紙をデザインしましょう。いわゆる「考える帽子」に色をぬり、帽子の中や下にあなたがたの概念を書き入れ、それに合う絵を探しましょう。格言を見つけ、付け加えてもよいでしょう。

1 左ページのグリム童話の登場人物の立場に立って、その人物の視点から、幸せな日と不幸な日について書いてみましょう。

2 「年を取ることは皆望むが、年寄りでいることは誰も望まない」と言う時、それはどういう意味でしょう？

3 さまざまな観点からあるテーマを浮き彫りにしたい場合、「帽子」の手法を使うことの利点について話し合いましょう。

　老いも若きも——一緒だからこそ——人生は楽しい。
　若いあなたがたはとても強い力を持っていて、たいていはとても健康です。一方、あなたがたの祖父母や年取った近所の人たちは、共に生きる人生を豊かにすることができる、別の「財産」を提供できます。老いた人は、すべての人の助けとなる経験を持っています。お互いに学び、共に生きる機会を作っていきましょう。

4. ほかの人はわたしとは違う

パスカル
13歳

パスカルは逃げた

パスカルは、家にいることにもう耐えられなかった。父親は2年前から仕事をしておらず、午前中からお酒を飲むことも多い。パスカルが学校から帰り、リラックスをするために音楽を聞いていると、父親はパスカルをしかり、強く殴ることもある。

今、パスカルは児童・青少年保護連盟に行こうとしている。助けてもらえるかもしれない。

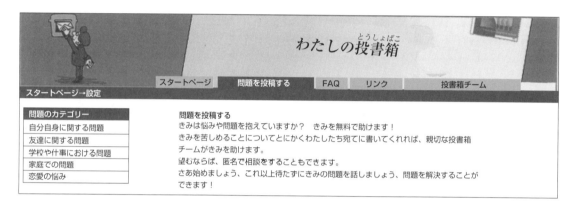

フランチェスカ
11歳

ブラジルで生きるフランチェスカ

フランチェスカの親は、フランチェスカときょうだいを養うことができないくらい貧乏だ。ある日、大きな街から男が来た。彼は、フランチェスカの面倒を見ることを約束した。それで、フランチェスカの親は、彼女をその男に売った。そのお金で、家族はしばらくの間、生き延びることができた。フランチェスカは今、違う街で暮らしている。朝から晩まで、ほかのたくさんの子どもと一緒に、彼女はコーヒー農園でコーヒー豆を摘む。フランチェスカが働き、食事をするところで、彼女は眠る。ただし、彼女は給料を一切もらっていない。

ケビン
12歳

ケビンは仲間になりたかった

「10歳の時、隠れて試したのがはじめてだった。タバコを吸うことがどういうことなのか、ただ単に一度知りたかっただけだった。期待はずれなことに、タバコは気持ち悪い味で、気分が悪くなった。再びタバコを吸うことはほとんどなかったけれど、ぼくは10歳の時、年上の人と一緒のグループに入った。そして、ある時彼らはビールを回してきた。げえ、なんて苦いのだ。ビアカクテルやほかの甘いお酒のほうがおいしいや。絶対そうだ。毎週ぼくらは誰かのところに集まって、楽しむのさ」。

エリザベート
13歳

エリザベートは手を合わせる

台所のテーブルの周りに、2人の大人と3人の子どもの、合わせて5人が座っている。そのうちの一人がエリザベートだ。5人はちょうど昼ご飯を食べようとしている。その時、食事はすでにテーブルの上にあるのに、彼らは手を合わせ、目を閉じた。不思議なことだ——ここではいったい何が行われているのだろう？

ゾフィー
11歳

ゾフィーは別の方法で読書をする

ゾフィーは5年前に事故にあい、視力を失った。特にはじめの頃は、恐ろしかった。突然彼女の周りは真っ暗になったが、彼女は今、学校で読書をとても楽しんでいる。

現在、彼女は盲学校に通っている。そして、彼女の趣味の一つが読書である。というのも、ほとんどすべての重要な本は、今では点字でも出されているからである。

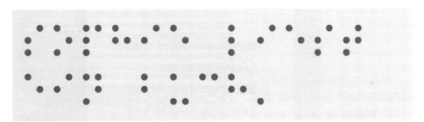

点字の説明：ゾフィーは本を読む
19世紀に、自身も3歳で視力を失ったルイ・ブライユが、点字と呼ばれる、触ることができる文字を発明しました。点字の文字は、たいていの言語に転換できます。

1 5人の子どもについて、どんなことがわかりましたか？ あなた自身の生活の状況と比べてみましょう。

2 その子どもたちはどのような点で違っているか——また共通点は何かを考えてみましょう。5人の子どもたちはお互いに何を学ぶことができるか、またどのように互いを助け合うことができるか、例を挙げてみましょう。

3 あなたが子どもたちのグループに出会ったと想像してみましょう。あなた自身のことについて何を伝えることができますか。またあなたはどのようにグループの中に入っていきますか。

すべての人は違っていて、それぞれが自分の物語を持っています。しかし、共通していることも常にあります。隣の人と互いに自分を紹介し合い、その人の気持ちになって考える時間をとりましょう。相手に関心を示すことで相手と親しくなり、結びつきが深まることに気づくでしょう。

4．ほかの人はわたしとは違う

5. 家族との生活

家族とは

…皆がすべてを分け合う場所。
…安心感。
…友人のような存在。
…楽しむための存在。
…悲しむための存在。
…祝うための存在。
…団結するための存在。
　　　　　　　デニーゼ（12歳）

…両親が互いに愛し合い、
子どもを見捨てることがないこと。
　　　　　　　フリーデマン（11歳）

…人がいつも愛されること。
　　　　　　　クリスティン（13歳）

…人々がともに時を過ごし、
家を建て、ともに遊び、
休暇旅行に行くこと。
　　　　　　　マティアス（11歳）

…父親の恋人が、彼女の息子とともにぼくたちのところに引っ越してくること。
　　　　　　　ケビン（12歳）

…人間はどのように振る舞うべきなのかをわたしたちに教え、わたしたちを助けてくれる年上の家族がいて、とても特別なもの。
　　　　　　　マリーナ（12歳）

6年生の生徒へのアンケートから

パッチワーク家族とは何か？
パッチワーク：色とりどりの継ぎ布から作り上げた一枚の布地。パッチワーク家族では、今の両親の間に生まれた子どものほか、親のかつての関係の中で生まれた子どもも暮らしています。

シンデレラのおとぎ話を知っていますか。いじわるなまま母に扱われたかわいそうな女の子の話を覚えていますか？ 今では、家族が分かれて、新しい家族ができたとしても、「連れ子」がひどく扱われることはふつうありません。もちろん、ほかのどの家族とも同じように、問題が現れることもあります。はたして、「まま母」という言葉は、現代にふさわしいといえるでしょうか？

1 上の写真では、どのような家族のタイプが描かれているのかを、見つけ出しましょう。

2 世界には 125 の SOS 子どもの村があり、そこでは 2 万人を超える子どもと青少年が、新しい家族の中で暮らしています。この通常とは異なる生活の仕方について、調べてみましょう。〔SOS 子どもの村：さまざまざ事情で家族と暮らせない子どもたちが、もうひとつの家庭のなかで自立していくことを支持する団体（SOS 子どもの村ウェブサイト：https://www.sosjapan.org）〕

3 この見開きページの写真に写っている家族は、どんなことを体験したばかりなのかを想像しましょう。写真を一枚選んで、それに吹き出しをつけましょう。その下に、この家族が一緒に解決すべき問題を書きましょう。

5．家族との生活

家族——その役割とは？

こう… …それともこう？

仕事	誰が？	いつ	月	火	水	木	金	土	日
食卓の用意をする	ママ／パウル	毎日	✓	■	✓	■	■	■	■
洗濯物を洗う	パパ	週2回		■		■			
お風呂を掃除する	パパ	週1回				■			
昼食を作る	ママ／パパ	毎日	✓	✓	■	■	■	■	■
朝食を作る	ママ／パパ	毎日	■	■	■	■	■	■	■
買い物をする	ママ	週2回	✓			■			
夕食を作る	ママ／パパ	毎日	✓	✓	■	■	■	■	■
花に水をやる	パウル	週2回	■			■			
子ども部屋を片付ける	アンヤ／パウル	週2回				■			■
アイロンをかける	ママ	週1回			✓				
紙／ガラスの処理をする	アンヤ	週1回				■			
ごみを出す	パウル	週2回				■			■
食器洗い機を片付ける	アンヤ／ママ	毎日	✓	■	✓	■	■	■	■

1 この表が何を「説明」しているのか書き出し、リストを作りましょう。

2 子どもたちの仕事を見つけ出し、あなた自身の仕事と比べてみましょう。

3 この表の良いところは何ですか？

4 自由な一日があるとしたら——たとえば週末に——あなたは家族と何をしたいですか？

「平和、喜び、パンケーキ」？

最近あった家族の祝い事をあなたは覚えていますか？ ほぼ全員が集まって、笑い、話をして、食事をする——何て楽しいことなのでしょう！

けれども、このような楽しみ方をしている家族はもう多くはないでしょう。次のような問題が積み重なっています。失業、お金不足、暴力または別居（なぜなら両親がもはやお互いを信頼できなくなったから）。いつも離れている両親は、離婚することがあります。一部の両親は、子どもがお母さんとお父さんのどちらのほうが好きかを決めることを望みます。いったい、どうなってしまうのでしょうか？

両親の片方あるいはきょうだいを失った子どもは、つらい立場に立たされます。子どもは一人ぼっちにされたと感じ、責任を感じることもあります。また、引っ越しや転校を嫌がります。そんな子どもたちを再び元気づけ、生きる喜びを取り戻すために、相談所が支援します。

　家族とは、共同生活のとても古い形です。血のつながりや長い間の共同生活、結婚や共通の子どもによって結びつけられた人々の共同体のことを「家族」と呼びます。

　時代の流れの中で、家族は変わってきました。たとえば6人の子ども、両親、祖父母、お手伝いさんが一つの家で暮らすというずいぶん昔のあなたの家族の姿を、もしかすると知っている人がいるかもしれません。今では、核家族や「パッチワーク」家族を見ることがますます多くなりました。

　一般に、両親は子どもたちの面倒を見て、子育てをします。子どもたちにも、自分たちの権利のほかに、家族の中で果たさなければならないつとめがあります。争いもよく起きます。問題を解決するためには、お互いを愛し、尊敬し、敬意をはらうことが重要な前提です。家族全員がほかの家族の一員の権利を尊重し、自身のつとめをまじめに考えた時、家族は共同体としての場所と、安心感を生み出します。

5．家族との生活

6．大勢のなかの一人としてのわたし

> **わたしたちには互いが必要です**
>
> 　一人でいることを好むにもかかわらず、大きなパズルのなかの一つのピースのように、人は互いに必要としています。自分の周りの小さな、あるいは大きな共同体のなかで、すでに自分の場所を持っています。まだ自分の場所を探している途中の人もいます。あらかじめ決められた道もありますが、道は自らの力で切り開いていかなければなりません。この章では、何人かの「案内人」と同行者を得ることができたでしょう。
>
> 　共同体のなかで生きるすべての人は、一人ひとりの役割を果たす点で、重要とされています。自分の使命を引き受け、それを果たし、他者を尊重し助ける人は、ほかの人とうまくやっていけます。さらに、助けられるという経験もします。
>
> 　人々の中の一人の人間として、あなたは二人といない存在であり、取り替えようのない特別な存在なのです。

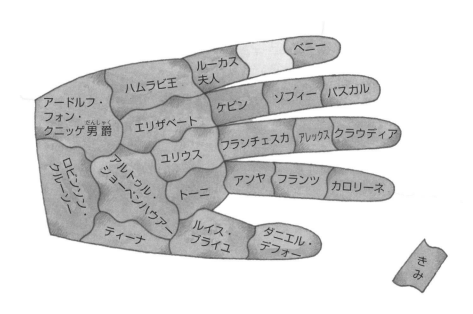

人生のパズルのなかのわたしの場所

　あなたは人生のパズルのなかで自分の場所をすでに見つけているでしょう。日常生活での大勢のなかの一人としてのあなたの個人的な場所について述べた短い作文を、最後に書いてください。過去または現在において、自信をつけてくれた「案内人」や同行者は、誰でしょうか。また、どのようなことでしょうか？　この章のページやメモをもう一度使って書いてみましょう。

ヒント：すべてを一つの文章にまとめる前に、準備としてはじめにマインドマップ（34ページ参照）を作る方法があります。

子どもの権利──そして現実は？

アンナはノイマルクの学校の６年ａ組に通っています。

アンナは次の詩を書きました。

年長あるいは年少にかかわらず、多くの子どもは悲しんでいて、一人ぼっちで、助けを必要としている。

人々がからかっているところでは、ほかの人たちが痛みをかかえている。

ユニセフは子どもたちを助け、勇気づけている、きみたちはこの援助組織がたくさんの活動をしているのを知っていた？

子どもたちを路上で死なせないために、多くの人々が寄付を集めている。

もしきみたちが学校や家で問題をかかえているのならば、少し休んで、受話器をつかみ、全部話してみて。

不安や悩みに対して、誰が助けてくれるでしょうか？

たとえばこの電話番号：0800/111 03 33！

子どもは良い子であることもあれば、言うことを聞かないこともあるけれど、それが子どもたちを殴る理由になるでしょうか？

どの子どももこのようなことはがまんできません。きみたちは自分の権利についてたずねることができるのです。

親愛なる人、話を聞いて、異議申し立てに耳をすませてくれませんか。

子どもの権利条約

第６条──生きる権利・育つ権利
第７条──名前・国籍を持つ権利
第14条──思想・良心・宗教の権利
第23条──障がいのある子ども
第28条──教育を受ける権利
第32条──経済的搾取・有害な労働からの保護
第33条──麻薬・覚せい剤などからの保護

〔日本ユニセフ協会抄訳〕

プロジェクト：切手に描かれた子どもの権利

1. 子どもの権利を一つ選び、この権利をテーマに切手を作りましょう。選んだ権利とそれに関係する条文、イラストか文章、短い詩もしくはコラージュを切手に描きましょう。
2. さらなるアイデアを得るために、新聞を使ったり、専門家に質問をしたりすることができます。もしかすると、地域の子ども保護連盟やSOS子どもの村を訪ねることができるかもしれません。この課題に取り組む際の手助けとなる出発点を探してみましょう。
3. 最後に、あなたがたが作った色とりどりの切手を「切手アルバム」にまとめましょう。それをもとに、子どもの権利に関するプレゼンテーションを行うことや展示会を開くことができるでしょう。

地球上の多くの国々で、内戦が起きています。
9歳のアブラハム・ウェルディは、捕まった時の様子や、
家族が殺された様子の絵を描きました。

かつてのドイツ民主共和国における「円卓会議」(1989)：平和的な権力交代の舞台

1	このページの絵や写真は何を伝えているでしょうか？描かれている人々やグループに名前を付けてみましょう。争いの種類によって写真を分けてみましょう（例：個人別、グループ別など）
2	絵や写真の中に示されている、争いを解決するための方法について書き出しましょう。
3	争いをおさめる時にあなた自身が行ったことを説明しましょう。基本的に争いは避けられるべきなのか、話し合いをしましょう。

より良い未来のために平和的にデモンストレーションを行う

他者への問い

第3章　争いを解決する

このような場面を経験したこと
のない人はいますか？

いいえ！
でも！

1．日常生活の中の争い

　６年生の子どもたちが、自分が抱える問題について同級生にたずねました。いくつかの答えがここに書かれています。
　ここに書かれていないほかの意見は、家族や友人関係のもめごとや両親の別居、人の死の悲しみといったことです。

サブリナ

親友に、わたしはとても個人的なことを打ち明けました。
彼女はそれをほかの人にも伝えて、からかいました。

ダーフィト

英語の先生は、ぼくの発音についてあれこれと文句を言います。家で発音を何度も練習して、それどころか英語の映画を見ているのに、先生はぼくをクラスの笑いものにするのです。

ザーラ

両親からいまだに小さな子どものように扱われていると、時々感じます。わたしには一緒に何かをしたい友達がいることを、両親は理解していないのです。
たくさんのことを禁止されている状況にがまんできません。

ファビアン

いつも新しい流行を追いかけまわすことが、ぼくには理解できません。だから、多くの人はぼくを「クールじゃない」と考え、ぼくとかかわりを持とうとはしませんし、ぼくをからかうこともあります。

ドーミニク

ある同級生は背が高いのと、友たちと呼ぶ集団に取り囲まれているだけで、自分が十分に強いと思い込み、ぼくやほかの人たちの物やお金を取り上げようとします。ぼくのMP3プレーヤを彼にあげることを断った時、ぼくは彼と何人かのほかの少年から殴られました。

イリーナ

答えが間違っているのではないかと考え、授業中に何か発言をする勇気がないことがよくあります。だから、わたしが授業に興味がないと先生は考えています。

言葉あそび ── 争い（Konflikte）について どう考える？

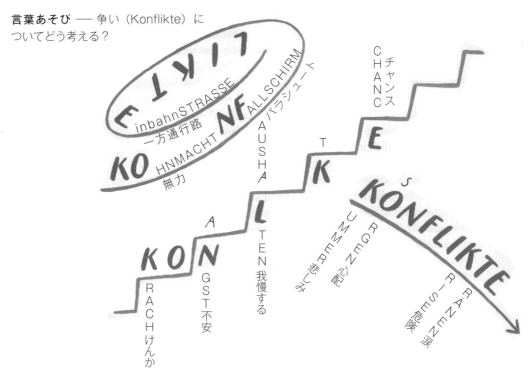

「争い」（Konflikte）という言葉を、絵で表現してみましょう。←

1	左のページに書かれている問題が原因で起こりそうな争いについて、ロールプレイで演じてみましょう。 問題が本格的な争いに発展した状況について、ほかにも何か知っていますか？
2	描かれている争いの光景はあなたがた自身の経験とどの程度重なるのかについて、意見を交換してください。 「あらそい」という文字を紙に書き写し、上のような「言葉あそび」をしてみましょう。 自分が描いた「言葉あそび」について、ほかの人たちに説明してみましょう。
3	争いが存在しない地球外の文明世界を想像してみましょう。その文明世界の人に、争いとは何かを説明しましょう。
4	争いと根本的に結びつく機会や危険について話し合いましょう。

　人とある問題について対立している人は、争いの中にいます。この状況は、異なった考え、期待や意見が互いにぶつかった時に起こります。個人、グループあるいは国同士が、争いに巻き込まれます。争いは高まり（拡大し）、暴力と苦しみを生み出す可能性があります。日常における争いの状況は人生をやっかいにしますが、人生を面白くする場合もあります。争いをうまく解決したい人は、想像力と、時に長くつらい道のりに巻き込まれる用意が必要です。

1．日常生活の中の争い　55

2．心のかっとう

　問題とは直接関係の無い第三者として、二つあるいは複数の価値の間で一つを選ばなければならないという、心のかっとうに巻き込まれることがよくあります。

リーザ：友情か正義か

　6年生のクラスでは、生徒が英語の答案を書いています。アリーネの隣に座るリーザが、アリーネの答案をカンニングしています。

　リーザと仲の良いファブリッツィオがその様子を見ていました。リーザがカンニングをした時、リーザはアリーネがした小さな意味の間違いを直したうえで、答えを自分の答案に書き写していたので、先生はアリーネがカンニングをしたのだと考えました。アリーネはカンニングを疑われ、一番悪い成績の「6」をもらったのに対し、リーザは一番良い成績の「1」をもらいました。ファブリッツィオは午後に家で、何をすべきなのかじっくり考えました。

1	ファブリッツィオのかっとうは、どこにあるのかを見つけ出しましょう。
2	ファブリッツィオが道徳的に正しい行いをしたいと考えた時、彼が取ることのできる行動について考えてみましょう。ファブリッツィオが取った行動が、リーザとアリーネにどのような結果をもたらすかについても考えましょう。
3	多数決で、あなたがたが道徳的に正しいと考える行動を決めましょう。また、その行動に決めた理由も説明しましょう。
4	あなたがたがその行動を選んだ理由について、同級生と話し合いましょう。あなたがたとは違う行動を選んだ人たちに、あなたがたが選んだ行動を納得してもらうことができるような説明を見つけましょう。
5	すべての理由の説明が終わったら、ファブリッツィオはどのような決断をするべきかという問題の答えについて、もう一度多数決を取りましょう。
6	もしかすると、ほかの人の理由説明を聞いたことで、または自分自身でじっくり考えたことで、何人かは自分の決断を変えたかもしれません。決断を変えることとなったきっかけは何でしょうか？
7	学校で、ファブリッツィオと似たようなかっとうにおちいった人の物語を、あなた自身で書いてみましょう。

　学習方法：かっとうのなかで価値をはっきりとさせる

　時にあなたは「板挟み」の状態になることがあります。その時、さまざまな価値に基づく二つ以上の道徳的に正しい行動の中から、一つを選ばなければなりません。たとえば、正義のほうを選ぶ時、友情や愛に反することになり、心のなかでかっとうするでしょう。かっとうを頭のなかで想像してみても、あなたにとって何が重要かを発見するのに役立つでしょう。

フィリップの父：正義か愛か？　息子が思い出して語る

　わたしの弟フィリップは、18歳の頃、家族と農場での仕事にうんざりしていた。フィリップは世界に出て、自由気ままに生きたかった。彼は父に、遺産の彼の取り分を払うように頼んだ。何晩か眠れない夜をすごしたのち、父は彼の望みをかなえた。そして、彼は旅立った。

　最初の数週間と数か月の間、フィリップは時おり便りを送ってきた。見たものや体験したことのすべてを、夢中になって説明した。しかしその後、わたしたちは彼の消息を聞くことがなくなった。わたしたち家族は心配した。何年も過ぎ去った。ある晩、父は仕事を終えた後、家の前に座って野原を見ていた。彼は突然、ぼろぼろの服を着てやつれた何者かが、農場への道を引きずるように上っていく姿を見た。父は、その人がフィリップであることに気付いた。父は飛び上がり、彼に向って叫び、彼を抱きしめた。フィリップは驚いた。彼は父からひどく叱られることを予想し、いったい自分は家に帰れるのかと長い間考えていたのだ。フィリップはお酒や麻薬、カジノにたくさんのお金を使い果たした後貧しくなり、収穫の時期だけでも農場で収穫手伝いとして働けることを望んだのだ。そしていまやこのような歓迎だ！

　その光景を見た時、怒りがこみあげてきた。さらに、父がフィリップに敬意を表して、親せきと友人とともに大きなお祝いを開こうとしたことを知った時、わたしは怒りで我を忘れた。一年中農場で働き、一切面倒なことを引き起こさなかったのに、友達とパーティーを開こうとしたら、両親はいつも反対していた。

　わたしが腹を立て、兄を叱ろうとしていることに、父は気付いた。そして父は、「カール、きみはずっとわたしたちの元で、何一つ不自由なく暮らしていたじゃないか。わたしたちが長い間心配していたフィリップが戻ってきたことは、喜ばしいことじゃないか」と言った。

1　父親の心のかっとうは、どこにあるのかを見つけ出しましょう。

2　父親が道徳的に正しい別の行動を決断する、物語の新しい結末を書きましょう。チームごとに、新しい結末の物語をロールプレイ（104ページ参照）の形で演じてみましょう。

3　父親の決断について話し合いましょう。父親の決断に賛成する場合と反対する場合の理由を説明しましょう。すべての親が、物語の父親のような行動を取った場合、どうなるのかを考えてみましょう。

4　もしかするとあなたがたは、フィリップとカールの物語に似たような話を聞いたり読んだりしたことがあるかもしれません（ルカによる福音書15章、11～32節を参照）。

　子どもと大人は、自分たちにとっての答えを見つけなければならない、心のかっとう状態におちいりることがあります。時には難しいことですが、どんな場合でも、そこで問題となっている価値について理解し、そして決断する（たとえば、正義、友情を選ぶことにするのか、あるいは、罰を選ばないことにするのか、愛を選ぶことにするのかなど）ことが求められます。

3．争いを解決する──だけどどうやって？

異なる役割を担う

　休み時間の前に、雪が降り出しました。校則で禁止されているにもかかわらず、校庭では雪の玉が投げられていました。すると、雪の玉がティーナのこめかみに当たりました。ティーナは頭痛を感じ、右目の上からは血が出ています。何が起こったのでしょうか？　誰が投げたのでしょうか？　それを知るために、パウル、ウータ、ティーナとほかの生徒たちが輪になって座っています。学級担任のヘバーライン先生が、そこに来ました。

　あなたがたは、このグループを助けることができますか？　次の「役割カード」によって、関係する生徒についていくつかのことがわかります。より積極的にこの課題に取り組むために、生徒の役を振り分け、考えを出し合ってそれを深め、ロールプレイ（104ページ参照）を作り上げましょう。

ティーナ
雪の玉がこめかみに激しく当たった。
誰の雪の玉が彼女の体に当たったのかは分からない。
ウータが雪の玉を投げているのを見た。
パウル、ウータと仲が良い。

パウル
雪の玉を投げることを禁止するのは良くないと考える。ティーナのことを心配している。
ウータが玉を投げたかもしれないと思っているが、誰のことも告げ口をしたくない。
投げた人が、自分の行動の責任を取ることを望んでいる。

ウータ
禁止されているにもかかわらず、雪の玉を投げた。投げた玉がティーナに当たったかもしれないと考える。
誰にも怒られたくない。

レオ
ウータの隣に立っていた。
ウータの雪の玉がティーナに当たったことを知っている。パウルのことが好きではない。
ウータのことが大好きである。ティーナに当たった雪の玉はパウルが投げた、と言うつもりである。

ヘバーライン先生
何も知らない。
自分たちが見たことを話すことを、子どもたちに求めている。

58　第3章　争いを解決する

パウルは、雪の玉を投げたことを責められています。いまや、彼は大変難しい状況にあります。それゆえパウルは、パウルの通う学校の「争い仲裁人」になっている7年a組のガメツとハンネスに手紙を書きました。そして、パウルは手紙を投書箱に入れました（61ページ「生徒が生徒を助ける」参照）。

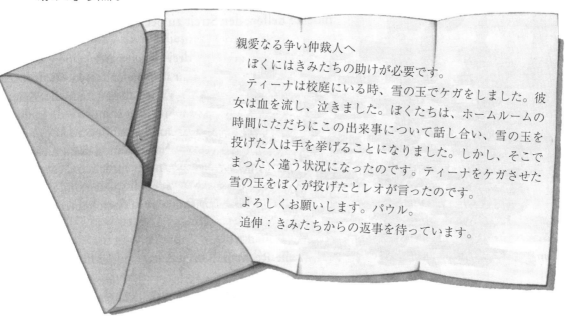

親愛なる争い仲裁人へ
　ぼくにはきみたちの助けが必要です。
　ティーナは校庭にいる時、雪の玉でケガをしました。彼女は血を流し、泣きました。ぼくたちは、ホームルームの時間にただちにこの出来事について話し合い、雪の玉を投げた人は手を挙げることになりました。しかし、そこでまったく違う状況になったのです。ティーナをケガさせた雪の玉をぼくが投げたとレオが言ったのです。
　よろしくお願いします。パウル。
　追伸：きみたちからの返事を待っています。

1　あなたがたは今、争い仲裁人として答えるよう求められています。パウルはどうすれば役に立つ助言と助けを得ることができるのか、提案をしましょう。

2　それぞれの助言を比べて、話し合いをしましょう。最後に、一人ひとりが、パウルへの個人的な返事の手紙を書きましょう。

3　嘘とはどのようなものかを一人で考えましょう。人は時には嘘をついて良いのでしょうか？ あなたが嘘をついたり、嘘をつかれた状況を思い出しましょう（第4章、74～79ページ参照）。

4　ティーナ、ウータ、パウルとレオが、「争い仲裁人」から話し合いに呼ばれたことを想像しましょう。争い仲裁人の二人は、雪の玉を投げたことについて、本当はレオがパウルを不当に責めていることを、ほかの生徒から聞いて知っています。ロールプレイで、この争いの解決法について演じ、関係している人全員が敗者にならずに争いを解決するために、争い仲裁人にはどのような方法をとる可能性があるのかを最後に考えてみましょう。

争いの仲裁のためのルール
―すべての人が自分の立場を説明することができ、発言を許される。
―常に一人だけが発言する。
―ほかの人の悪口を言うことは許されない。
―感情を表に出すことは許されるが、しかし次のような形でだけ許される。「わたしは腹が立ち、
　自分がだまされたように感じる」など。
―感情を表すことは、客観的な説明と区別することができる。

3．争いを解決する——だけどどうやって？

クラスのなかでの争い

長い休み時間が終わりました。6年a組の生徒は、教室へと帰ります。しかし、さわがしい様子です。数人の子どもが激しくけんかをしており、殴り合いが始まりました。ミュラー先生はけんかを終わらせるために、助けたいと考えています。しかし、彼女はまず初めに何が起きたのかを知る必要があります。

ヤーナは、「わたしたち三人が遅れて来た時、ほかの人たちがわたしたちと一緒に遊ぼうとしなかったのです」と報告しました。すぐにビオラは弁明を始めました。「わたしたちはすでにチームを分けていて、ゲームを始めようとしていました。そこに彼女たちがやって来て、再びすべてがぐちゃぐちゃになったのです。これではわたしたちはゲームを始められません」「でも、わたしたちには責任はありません。ファーバー先生がわたしたちにまだ話があったのですから」とダムラが答えました。「きみたちと一緒に遊びたかったのです。仲間はずれにされたくはありませんでした。三人で遊んでも、楽しくありません」。

全員が正しい場合…

述べられた意見は納得できるものですが、争いは解決されないままです。提案が求められています。ミュラー先生は尋ねました。「どのようにすれば争いを仲裁できますか？」

セリム　すべての子どもが集まるまで、ゲームをしないで待つべきでした。

ユリア　できることならクラスの生徒を分けたいです。後から来た人は、自分たちで遊ぶべきです。

マリー　チームを作らなくてもよい、別のゲームを考え出すべきです。別のゲームを教えてもらえないか、体育の先生に今日聞いてみます。

ゲーム中に本気になると…

次の争いはどのように解決できるのかを考えてみましょう。

・ファティマは数週間前からスカーフをかぶっているので、マックスからいつもからかわれます。

・ヤンは、運動会のチーム競技で走るのが遅かったのです。クラスが負けた責任はヤンにあると、何人かの生徒は考えています。

・ビオラは通り過ぎる際、うっかりしてダムラの本を落としてしまいました。
　ダムラはひどく不機嫌になり、ビオラに大声でどなります。

生徒が生徒を助ける——インタビュー

　学校からの帰り道で、ユリアは掲示板に気づきました。争いの仲裁を助けるための生徒グループの「OKグループ」が、大きなポスターで紹介されていました。「先生抜きで、どうするんだろう」とユリアは疑問に感じました。しかし、ユリアは興味を持ち、ビオラと一緒にグループの代表の人に質問をすることにしました。

ユリア	なぜ学校でこのグループを作ったの？
ヌーリ	クラスでは争いがよく起こることを知っているからだよ。だから、暴力や憎しみ抜きで争いを解決する助けになりたいと考えたんだ。
ビオラ	だけど、それは先生がしてくれるんじゃないの。
ヌーリ	そうだね、だけど生徒が生徒を助けるほうが、より効果的だと思っているんだ。生徒は、生徒の立場になって考えることができるし、頭のなかに「教育の課題」なんてないからね。ただ、きみたちの問題を解決する手助けをしたいだけなんだ。
ユリア	なるほど、それは簡単にできることなの？
ヌーリ	ううん、もちろん簡単なんてことはないさ。はじめに「争い仲裁人」として訓練を受けるんだよ。そこで、争いの原因とか、なりゆきについてたくさんのことを学んだんだ。争いを解決するための話し合いについても練習したよ。
ビオラ	全部、先生抜きでやるの？
ヌーリ	そうだね、問題が起きた時に助けてくれる先生が二人いるのさ。先生は、ぼくたちと同じような訓練を受けているんだ。だけど、先生は自分たちで争いを仲裁しようとはしない。ぼくたちが仲間内でやる方が、ぜったいにうまくいくと考えているんだ。
ユリア	問題が起きたら、きみたちのところに簡単に行くことはできるの？
ヌーリ	もちろんだよ！相談時間は掲示板に書いてあるよ。

1 左ページのセリム、ユリアとマリーのクラスは、どのようにすればもめごとを解決することができるのかを提案してください。どの提案が特にふさわしいのかを考え出し、その理由を説明しましょう。

2 争いの解決に取り組むためにはどうするのが一番良いか、あなたがたの経験をやり取りしましょう。一人で解決しようとする方法は、たいていうまくいかないのはなぜですか？

3 先生よりヌーリのグループのほうが、争いをより上手に仲裁できる理由を、ヌーリは説明しました。彼の説明した理由をまとめ、ほかの理由も見つけましょう。

4 争いを自分たちだけで解決しようとするよりも、争い仲裁人のところへ行った方が良い時とはどのような時か、考えましょう。

　争いは、けんかや暴力を助長することがあります。しかし同時に、お互いがより親しくなるきっかけにもなるのです。そのために、争いの当事者が、お互いの話に耳を傾けることが必要です。そうすることで、争いは暴力の無い共同生活を形作るためのチャンスになります。非暴力で争いを解決するための手段を、あなたがたは一緒に見つけ出し、役立てることができます。

4. どのようにして争いは起きるのか

先入観[*]
ふたつの典型的な先入観
——
その由来はどこにあるのでしょうか？
人の頭の中に吹き込まれたほかの先入観を知っていますか？

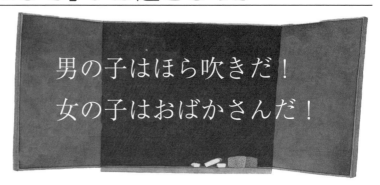

先入観はどのような段階を経て生まれるのか
アメリカの心理学者は、ある実験で、キャンプ場にいる12歳の少年たちのグループ行動を観察しました。——少女たちも同じような行動を取るでしょうか？　あなたがたはどう思いますか？

第1段階：お互いについて知る
　およそ25人のグループが、キャンプ場で一緒になりました。お互いをまだ知りません。約1週間経った頃、彼らは互いに親しくなり、何人かは友達になりました。

第2段階：グループとしてのアイデンティティーを深める
　少年たちは、二つのグループに分けられました。そこでは、仲良くなった友達同士は、それぞれ別のグループに分けられました。不満が起きなかったわけではありませんが、数日後には新しいグループの中でお互いに仲良くなりました。二つのグループには、「ブルドッグ」と「赤い悪魔」という名前が付けられました。少年たちは皆、自分たちのグループのほうが、ほかのグループに比べて、スポーツでも友情でも——「優れている」と考えるようになりました。

第3段階：区別をつけることと地位を高めること
　心理学者は、綱引きのようなスポーツの競技会を開催しました。いまや、二つのグループはお互いを敵であると感じ、相手がずるい行動をしていると互いに主張しあいます。殴り合いにもなり、それどころか宿舎を襲うようになりました。調査によれば、各グループの少年たち全員が、別のグループにいる「スポーツが下手で」「ゲームをぶち壊す」少年たちよりも、自分たちがスポーツマンらしく、仲間思いの、親切で、より望ましい行動を取っていると考えています。

先入観を持てば、より良い生活ができる——それとも？
6つの説明

1. 人は、その人自身は認めようとしない、その人やその人が属するグループの特性を、人には押しつけようとします。

2. その人の無力さの責任を、他人が負わされることがあります。先入観は、「他人」を（たとえば自分が失敗した際の）いけにえだと決めつけるもとになります。先入観が敵意に変わるまでに、それほど時間はかかりません。

> その人のモカシン（かかとのないシカ革靴）を履いて少なくとも1マイルを歩くまでは、その人について判断してはならない。
> 　　　　　　　　　　北米先住民のことわざより

（「いけにえ」の話は、聖書がもとになっています。聖書では、イスラエルの民がいけにえの儀式によって、どのように自分たちの罪から解放されたかについて書かれています。雄ヤギがどのようにして「いけにえ」になったかについては、モーセのレビ記の16-22章を読んで調べてみましょう。）

3. 自分自身が価値のある存在であると知るためには、ほかの人との違いを見つけることが必要です。先入観は、たくさんのことをなしとげずに、自分自身が特別なものであると思い描くための簡単な方法になります。

4. 先入観は、間違いである場合や、かたよっている場合があります。しかし、複雑な世界の様子を知るきっかけになります。

5. 先入観は、同じような考え方をする大人から青少年へと受け継がれていきます。

6. 本物の自信を持った人は、寛容な態度を取ることができます。自信が不十分な人には、先入観や敵意が必要です。

1 二つのグループの間での競争（62ページ参照）はどのようにして起こったのか、そこでは先入観はどのように作用しているのかについて説明してみましょう。

2 二つのグループの間の関係が再び正常になるためには、実験はどう進められるべきなのかを考えてみましょう。

3 先入観に関する6つの「説明」について、あなた自身の経験から、正しいと証明できますか。あるいは否定できますか？　これについての例を挙げてみましょう。

4 先入観に関する説明を、納得のゆくものを先頭に並び替えましょう。さらに説明を付け加えることもできます。これをもとに、先入観を捨て去る方法について話し合いましょう。

出身がさまざまな青少年：お互いに知り合いになった時、先入観はもはや役に立たない。

4．どのようにして争いは起きるのか

感情に固執する

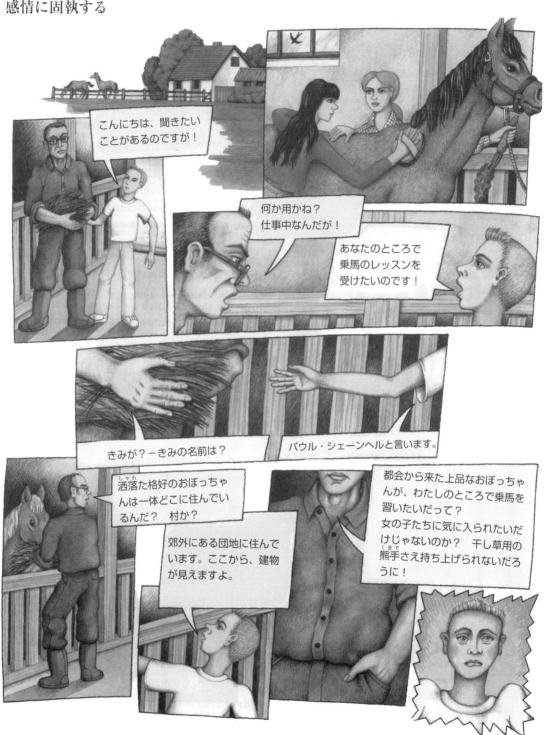

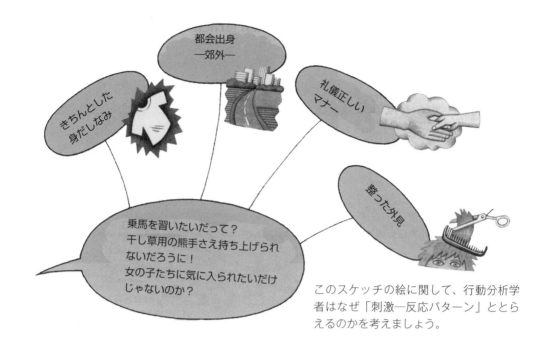

このスケッチの絵に関して、行動分析学者はなぜ「刺激―反応パターン」ととらえるのかを考えましょう。

1. 絵のなかの、二人の少女、乗馬の先生、少年はどのような気持ちかを考えましょう――どのような考えが、頭に浮かんでいるのでしょうか？ 64ページの漫画の物語を演じてみましょう（104ページ「ロールプレイ」参照）。

2. 物語の続きを演じましょう。乗馬の先生の考えを変えるために、反論をすることは役に立つでしょうか？ 先生の気持ちを変えるためには、ほかにどのような方法があると思いますか？

3. どんな「合図」によって、乗馬の先生は少年を断ったのでしょうか？ 先生の拒否行動の「理由」を理解することはできますか？
その理由は正しいものでしょうか？

4. 刺激的な言葉や合図がそそのかしています。いったい何をそそのかすでしょうか？

実際にはよく知らない人に関して揺るがない考え方をするのはなぜでしょうか。この考えは、逃れることのできない感情に由来しています。いくつかの「合図」が、あらかじめ用意した考え（先入観）*をほかの人に当てはめる理由になります。先入観は特定の状況で、グループのなかで自ずと生じ、先入観に打ち勝つことは難しいと、心理学者は発見しています。

4．どのようにして争いは起きるのか

5．人間は学ぶことができる

ハンス・クリスチャン・アンデルセンは童話の中で、オスのひなをかえしたカモの話をしています。産毛のあるかわいいカモのひなが、ふかしました。しかし、最後の一羽だけは、彼のきょうだいとはまったく違ったのです。「大きくて、灰色で、みにくい」とみんなが言います。

カモ農場で、小さなよそ者は、自分がほかのカモとは違うと感じます…。

のけ者にされる

…最後に卵のからを割って出てきた、みにくい外見のかわいそうな子ガモは、カモからもニワトリからも、かみつかれ、突き飛ばされ、からかわれました。皆は一様に「その子ガモは大きすぎる」と言いました。けづめを持って生まれてきたので、自分が皇帝であると考えるニワトリは、全力で走る乗り物のように大きな声で威張り散らし、子ガモに向かってまっすぐ突進し、そして鳴いたので、顔が真っ赤になりました。かわいそうな子ガモは、どこに立っているべきか、またどこに行くべきかわかりませんでした。彼はみにくい外見をしており、カモ農場のみんなからばかにされていたので、悲しい思いをしていました。

子ガモが生まれた日はそのような様子でしたが、状況は日に日に悪くなっていきました。子ガモはみんなから追いやられ、きょうだいも彼に腹を立てて、「ネコがお前を捕まえてくれればなあ、このみにくいやつめ！」と言いました。そして、母親も「お前が遠くに立ち去ってくれればねえ」と言ったのです…。

盗まれた時計

ティルは、この状況が信じられません。彼の時計がなくなったのです。誰かが時計を盗んだに違いありません。いずれにせよ、朝の時点では時計はまだありました。ルイーザは、ティルが時計をなくしたのだと考えました。しかし、カロは彼女の話をさえぎって、「メーティムは、時計に手を出さないことなんか絶対できないよ、きみはそうおもわない？」と言いました。パウルはうなずいて、「彼は時計をとても素晴らしいと思っていたよ。きみは気づかなかったかい？　それに彼は、難民申請者のための家に住んでいるんだよ。これまで、時計を手に入れる機会なんてなかったはずだ。うそじゃないよ」と言いました。セリムが彼らの間に走ってきて、カロをどなりつけます。「きみがそのようなことを言う前に、彼に一度聞いてみるべきだ。本当にむかむかする話だ」カロがまさに答えようとしたとき、8年生の人が手に時計を持って入ってきて、「誰か体育館に時計を落としていきませんでした？」と聞きました。カロは目をそらします。

「鳥の目で見る」。映画製作者ジャック・ペランは、行動学者であるコンラート・ローレンツの発見を利用して、十数年前に映画を製作しました。ローレンツは、鳥の子どもが人間を親であると認識し、人間から学ぶこともできるのを発見しました。カメラチームとともに鳥たちの飛行移動に付いて行くため、ペランは2年間、カモ、ガチョウ、ハクチョウやほかの鳥を訓練しました。

> **教科横断的学習（生物の学習と関連）：動物＝人間？**
>
> くり返し耳にする通り、「動物」はただ単に自然の本能のみに従って行動します。しかし、行動学者のコンラート・ローレンツ（1903～1989）はハイイロガンを用いて、動物が生まれつきの行動を見せたり本能に従ったりするだけではなく、何かを学ぶこともできるかどうかの研究をしました。
> ・ローレンツの考えを支持するあるいは反論する実証実験について、生物の授業で調べましょう。
> ・動物とは区別される、人間的な行動はどのような特徴を示すことができるのかまたは示すべきなのでしょうか？ 無くなった時計の事例を使って考えることができます。あなたがたの話し合いの結果を記録しましょう。

1 みにくい子ガモの童話の結末を知りたい人は、ハンス・クリスチャン・アンデルセンの本を読んで調べることができます（本文の一部は66ページを参照）。

2 童話の中の動物たちの行動を、「盗まれた時計」の話での生徒たちの行動と比較してみましょう。似た点と違う点を確かめましょう。

3 ティルと彼の同級生との話の中で、メーティムに疑いがかけられたのはなぜですか？
カロの疑いは、実際には何に基づいているのですか？
あなたがたの日常において、推測 (a)、疑い (b) と非難 (c) の流れをどのように壊すことができるのかを考えましょう。

　自然には、敵や危険から逃れるために、本能的に身を守る仕組みがあり、「強いものが勝利をおさめる」という原則が物を言います。しかし、ハイイロガンのような多くの動物種は、とても社交的で互いに思いやりのある行動をします。

　人間が本能や生まれつきの行動に縛られることは、動物に比べて、とても少ないのです（132～135ページ「動物と人間は違うの？」参照）。人間は自分の行いについてじっくり考え、善良で人間的な共同生活のための規則に従うことができます。この点が、動物とは異なります。人間は本能的（感情的）に反応することもありますが、一方で慎重に反応することもしばしばあり、人間は他者と適切に交際する方法を配慮をしながら学ぶことができるのです（64～65ページ「感情に固執する」参照）。注意していれば先入観が生まれることはありません。

5．人間は学ぶことができる

6．正義を重んじ非暴力で生きることを学ぶ

「わたしの生活から」──ゾフィーの争い解決ゲーム

次のようにゲームを始めましょう。

1. 4人グループを作ってください。このページを開いた教科書1冊、サイコロ1個、1枚の紙、異なる色の駒が必要です。
2. 空白のマス目と何か書かれたマス目があります。サイコロを振ってはじめに6の目を出した人からゲームを始め、その人はもう一回サイコロを振ることができます。出来事が書かれたマス目に止まったら、文章を音読して、正義を重んじる非暴力の解決法の提案をします。あなたがたのグループのうち少なくとも二人が、あなたの提案に賛成した場合、あなたは1点をもらいます。あなたの提案が公平ではなく暴力と結びついていた場合、あなたはマイナス1点となります。
3. ゲームを始めてから30分後、集めた点数を数えます。グループの勝者は、もう一度ほかのグループの勝者とゲームをします。残りの人たちは、話し合いを行って、誰が最も良い解決法を見つけたかを決めましょう。

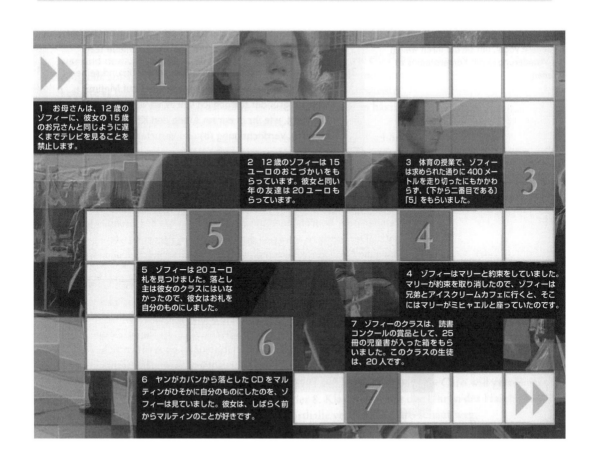

1 お母さんは、12歳のゾフィーに、彼女の15歳のお兄さんと同じように遅くまでテレビを見ることを禁止します。

2 12歳のゾフィーは15ユーロのおこづかいをもらっています。彼女と同い年の友達は20ユーロもらっています。

3 体育の授業で、ゾフィーは求められた通りに400メートルを走り切ったにもかかわらず、[下から二番目である]「5」をもらいました。

5 ゾフィーは20ユーロ札を見つけました。落とし主は彼女のクラスにはいなかったので、彼女はお札を自分のものにしました。

4 ゾフィーはマリーと約束をしていました。マリーが約束を取り消したので、ゾフィーは兄弟とアイスクリームカフェに行くと、そこにはマリーがミヒャエルと座っていたのです。

7 ゾフィーのクラスは、読書コンクールの賞品として、25冊の児童書が入った箱をもらいました。このクラスの生徒は、20人です。

6 ヤンがカバンから落としたCDをマルティンがひそかに自分のものにしたのを、ゾフィーは見ていました。彼女は、しばらく前からマルティンのことが好きです。

ヴィッテンベルクにあるフンデルトヴァッサー学校：
この学校のデザインには、子供たちのアイデアが活かされています。
外側から夢のお城のように見えるだけではなく、あなたがたにとって居心地の良い学校とは、どのような学校でしょうか？

プロジェクト：理想の学校

よく考え、協力しながら、正義を重んじる公平で非暴力の夢の学校や理想のクラスのアイデアを集めましょう。

批判：学校またはクラスの中で気に入らないことは何ですか？ 暴力、不公平、必要ではない継続的な争いはありますか？

空想：理想の学校または理想のクラスはどのような姿をしていますか？ 先生と生徒はどのように行動すべきですか？

実現化Ⅰ：あなたがたのアイデアを集め、どのアイデアが実現できるかを決めましょう。

計画：学校またはクラスを、公平で非暴力の「理想の学校」または「理想のクラス」に変えるために、あなたがたはどのようなことができるかについて考えましょう。

実現化Ⅱ：提案を、ほかのグループや生徒会に紹介しましょう。

【図書案内】
エーリッヒ・ケストナー（1933年初版）『飛ぶ教室』（岩波少年文庫、2006年）

どうもご親切に
ありがとう

きみが頼みの綱だ！

まさにきみ自身の努力のたまものだよ！

どうしてそんなことができるの？

ごめんなさい…
どうか怒らないでください！

いつも自分のことしか考えて
いないじゃないか！

良い行いへの問い

第4章　正直さと嘘――善と悪

1	ここにある絵や記号は、どんな時に用いられていますか？ それぞれ、何を表しているのでしょうか？
2	どのような状況の中で、これらの文章を耳にしたのかを説明しましょう。
3	ガーフィールドは「良い友達」でしょうか？考えてみましょう。
4	ガーフィールドのように本当のことを言わない場合について考えてみましょう。

1．動物は嘘をつく？——人間は嘘をつく！

動物のトリック

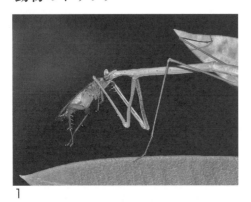
1

2

3

4

5

1	上の写真をよく見てみましょう。すべての動物を見つけることができますか？ それぞれ、何を表しているのでしょうか？
2	動物は、どのような「トリック」を使って姿があまり目立たないようにしているのかを説明しましょう。なぜ、そうした動物は「隠れる」のかについて、考えてみましょう。
3	どの動物が恐ろしく見えるでしょうか？

A．目立たないようにかくれる

　動物は、敵に見つからないように、また敵に食べられないようにするために、自分の外見を周りの環境に合わせるさまざまな戦略をとっています。たとえば、ナナフシムシ（写真1）は、本物の枯れた大枝と小枝に驚くほどそっくりに変化します。また、オニオコゼ（写真5）も、海底の構造や色に合うように姿を変えます。一番有名な例は、目立たないように自由に色を変えることができるカメレオンでしょう。同様に、エサの色素がカモフラージュのために使われることもあります。たとえば、巻貝が赤い海藻を食べると、巻貝は赤くなり、赤みを帯びた場所ではほとんど目立たなくなります。カニの多くも、海草を背中に付けることで目立たないようにしているのです。

B．「気を付けて！　わたしに近づくと危険ですよ」

　自分を食べようとする敵から身を守るためのもう一つの戦略として、危険がないのに、危険があるように「ふるまう」戦略を取る動物がいます。南アメリカの蛾（写真2）は、巨大な目のような模様がある羽を広げることで、動物が襲い掛かる姿をイメージさせ、敵を「追い払う」のです。この威嚇の効果は、捕食者が獲物を捕らえる前に、獲物を凝視する（徹底的にじっと見つめる）時にも現れます。写真3の昆虫は危険なヘビであるかのような印象を与えるので、わたしたちはその昆虫を避けようとします。しかし、実際にはその昆虫は、害の無い中国のアゲハチョウの幼虫なのです。同様に、スカシバガ（写真4）は、取り違えるほどに外見が似ているスズメバチとは異なり、毒針は持っていないので、人を傷つけることもできません。

1　動物が自分を食べようとする敵から身を守るために用いる戦略について説明しましょう。

2　表を作り、それぞれの動物が、AとBの二種類ある身を守るための戦略のうち、どちらを用いているのかを分けましょう。

3　人間もカモフラージュしたり、仮装したりすることがあるのか、またどのような方法でそれを行うのかについて考えましょう。いくつかの例を出し、どのような理由から人間がそれを行うのかを推測しましょう。

　「隠蔽的擬態（ミメシス）」や「標識的擬態（ミミクリー）」とは、動物が生き残るために用いる二つの異なった身を守る戦略を意味します。それらは、保護色や防衛擬態とも呼ばれます。隠蔽的擬態では、目立たず、自分を食べる敵に気づかれないように外見を周囲の環境に合わせることで、動物は自分の身を守っています。標識的擬態の戦略は、正反対の結果をもたらします。目立つことと脅すことがモットーなのです。危険のない動物が、外見によってあたかも危険であるかのように思わせ、敵が逃げるように仕向けるのです。

嘘をつくと耳が赤くなる…

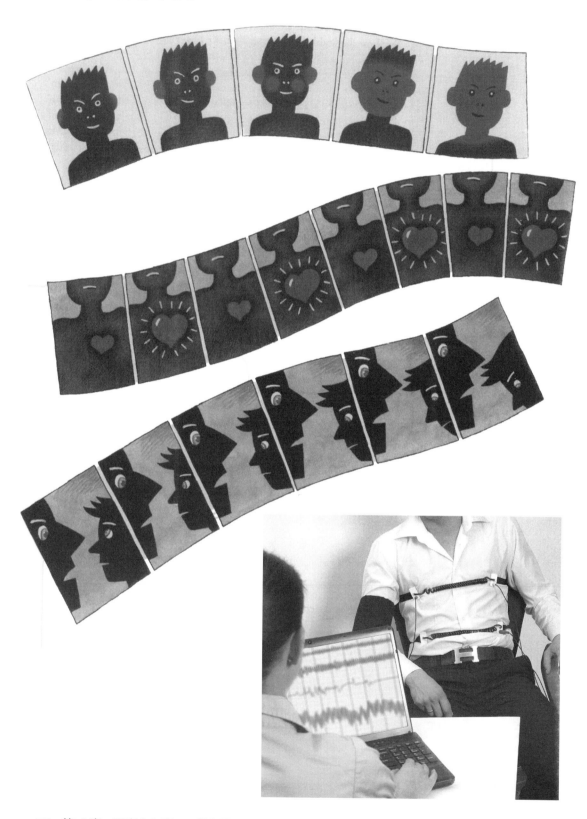

74　第4章　正直さと嘘——善と悪

…あるいは鼻が長くなる

職人が丸太から作り上げた心をもつ木の人形で、幼い少年のようなピノキオを知っていますか？ ピノキオはいつも本当のことを言うわけではないので、作り主をよく悲しませます。そしてピノキオが嘘をつくと、すぐに気づかれてしまいます…

ピノキオは妖精（ようせい）の隣に座ると話し始めた。火食いと5枚の金貨、プレジャー・ランドについてピノキオに説明したキツネと猫、古いオークの木のことまでのすべての物語についてである。「4枚の金貨は今どこにあるの」と妖精はたずねた。「失くしてしまったんだ」とピノキオが答えた。しかし、実はカバンの中に金貨を持っていて、ピノキオは嘘をついたのだ。ピノキオが嘘をついたとたん、元々長い鼻がさらに指2本分長くなった。「どこで失くしたの？」「この森の中でだけど」この嘘でピノキオの鼻はさらに長くなった。「この森の中では何も失うことはないから、探せばきっとすぐに見つかるわ」「ああ、今また思い出したよ。金貨を失くしたんじゃなくて、きみの薬と一緒に飲み込んでしまったのさ」ピノキオはばつが悪くなり、ドキドキした。この三つ目の嘘で、あわれなピノキオの鼻は、窓やベッドにぶつからずに振り向くことができないくらいに、信じられないほど長くなった。妖精は彼を見つめて笑った。ピノキオはとても混乱し、自分の鼻を心配しながら、「なぜ笑うの」と尋ねた。「あなたの話しがでたらめだから笑っているの」「どうし

てきみはぼくが嘘をついたことを知っているの」「嘘は簡単に分かるわ。二つの見分け方があるの。嘘をつくと足が短くなるか、鼻が長くなるの。あなたの場合はどうなるかは、あなた自身が教えてくれたわ」ピノキオはとても恥（は）ずかしくて、どこかに隠（かく）れてしまいたいほどだった。けれど、彼の鼻は二度とドアを通ることができないほどに長くなってしまったのである。

1 動物や人間が「嘘をつく」と、彼らの外見は変わります。動物も人間も同じように変わりますか？

2 人間が嘘をついた場合、どのように気づくことができるか、またなぜ人間は嘘をつく時に、たとえば目をそらすのかについて考えてみましょう。

メスのヒヒがおいしそうなジャガイモを掘っている様子を見ていた、若いヒヒのパウルの物語があります。パウルは、危険な状況にいるかのように叫び始めました。すると、彼の母親が走ってきて、メスのヒヒが彼を傷つけようとしていると判断し、彼の母親はそのメスのヒヒを攻撃しました。このようにして、パウルは落ち着いておいしいジャガイモを食べることができました。自分が何をしたのか、パウルはわかっていたのでしょうか。

動物と人間は、周りの仲間をだまします。けれども、動物と人間は、同じ理由から嘘をつくのでしょうか。人間は、自分が嘘をついていると理解した上で嘘をつくのです。ですから、多くの場合、外見からも嘘をついていることがわかるのです。一方で、動物（どうぶつ）は本能的（ほんのうてき）にトリックを使って、自分の身を守ります。つまり、動物は自分が敵をだます行動を取っていることを、自覚していないでしょう。

1. 動物は嘘をつく？──人間は嘘をつく！

2．いつも本当のことを話さないといけないの？

なぜ人は嘘をつくの？

a）ついにその時が来ました。リンダは、学期初めに転校していった大親友のザラを訪ねるのです。彼女たちは長い間会っておらず、再会しました。うれしい気持ちであいさつした後、昼食の時間が来ました。ザラの母親は、リンダの好きな食べ物をわざわざ聞いていました。ザラの母親は、自信を持ってボローニャ風スパゲッティを出しました。リンダはとても空腹だったので、食事を楽しみにしていました。しかし、一口食べた瞬間、それがまったくおいしくないことに気づきました。「スパゲッティはおいしいかしら」とザラの母親が尋ねました。「自分の家の食事と同じくらいおいしいわ」とリンダは答えました。ザラの母親はにこやかにしています。

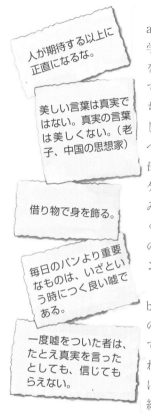

人が期待する以上に正直になるな。

美しい言葉は真実ではない。真実の言葉は美しくない。(老子、中国の思想家)

借り物で身を飾る。

毎日のパンより重要なものは、いざという時につく良い嘘である。

一度嘘をついた者は、たとえ真実を言ったとしても、信じてもらえない。

b）マリオとイェンスは自転車で森の中を走っています。彼らは三人の年上の少年に追われています。「いけない、しまった」「ぼくを狙っているんだ。ぼくは今朝、学校で彼らにさんざん嫌な思いをさせられた」とマリオが不安そうに叫びました。マリオは、自転車とともに、保護林の深いやぶの中に隠れました。イェンスは落ち着いて走り続けました。彼は、三人の追い手に追いつかれ、止められました。「きみの友達はどこだ」と一番年上の少年が聞いて、イェンスをにらみつけてきました。「どの友達のこと？ 一人で走っていたけど」とイェンスは答えると、時計を見て言いました。「急いでいるんだ」「バカなこと言うな。さっきまでお前とあの馬鹿、二人で走っていただろう」とほかの二人の少年が叫び、イェンスの前に立ちはだかりました。「ああ彼のことか。彼にはいらいらするよ。ぼくのマウンテンバイクのことで何か知りたがっているようだったけど。だけど本当に時間が無いんだ」と、イェンスは言い返しました。三人はお互いを見つめ合い、肩をすくめました。「そうかもしれないな」「さあ、行くぞ」と年長の少年が言いました。マリオはやぶから出てくると、ほっとして叫びました。「ありがとう、きみはぼくの命を救ってくれた」。

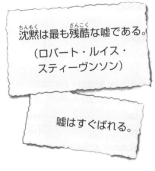

沈黙は最も残酷な嘘である。
（ロバート・ルイス・スティーヴンソン）

嘘はすぐばれる。

c）ヘンリックはお腹が空いていた。彼は冷蔵庫の扉をさっと開けると、おいしそうなヨーグルトをすぐに見つけた。そして一度に全部食べた。その後、ヨーグルトは家族のためのもので、いつも家族全員できちんと分けていたことを思い出し、ヘンリックはやましい気持ちになった。ヘンリックは空になったヨーグルトの容器を手に取ると、弟のイェルクのごみ箱にそれを投げ入れた。イェルクはその後、厳しくしかられた。彼は、泣き叫びながら、自分が食べたのではないと主張した。しかし、両親はイェルクの主張を信じなかった。ヘンリックは黙り続けた。

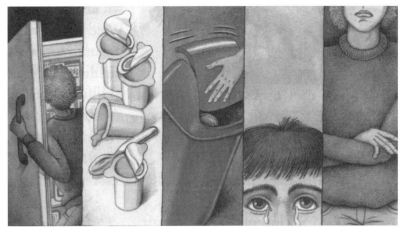

教科横断的学習（国語の学習と関連）：ミュンヒハウゼン男爵の物語

　ミュンヒハウゼン男爵は特別な人物だった。話をするのが大好きで、その話には嘘が含まれていた。彼はずっと昔、ヴェーザー川沿いの小さな村に住んでいたが、そこには今日も多くの友人がいる。多くの人は、彼が話した物語を大変素晴らしいと評価し、その話を記録した。どのようなすごい冒険をミュンヒハウゼン男爵が経験したのかについては、今日も読み直して調べることができる。
・ミュンヒハウゼン男爵の作り話には何が隠されているでしょうか。それらの作り話は彼について何を述べ伝えているでしょうか。
・彼の話のように、すべてが真実ではない物語を考え出したことがこれまでにありますか。そのような物語を書いてみましょう。

1 76～77ページのa) b) c) で取り上げたさまざまな嘘に関する話の中で、話に出てくる少年と少女はどのような目的で嘘をついたのでしょうか？ 彼らの行動について、どのように評価しますか？

2 嘘についての話を演じてみましょう（104ページ「ロールプレイ」参照）。

3 嘘をつかれた人の気持ちになって、その人の気持ちを述べましょう。

4 それぞれの話に題をつけましょう。

5 大切な情報を言わずに黙っていることは嘘をつくことになるのか、話し合いましょう。

6 どのことわざが、どの話に当てはまりますか？ ことわざを一つ選んで、そのことわざに関する物語を書いてみましょう。

2．いつも本当のことを話さないといけないの？

なぜ嘘をつくことが悪いことなの？

羊飼いの少年とオオカミの寓話

　ある羊飼いの少年が羊の番をしていた。少年は退屈だったので、ある日、次のように叫んだ。「助けて、助けて。オオカミだ」すると、彼を助けるために村から大勢の人が走ってきた。しかし、そこにはオオカミはおらず、羊飼いの少年がただ笑っているだけであった。次の日も退屈だったので、彼は「助けて、助けて。オオカミだ」とまたもや叫んだ。再び多くの村人が走ってきたが、そこにはまたしてもオオカミはおらず、少年が笑っていた。しかし三日目に、オオカミが本当にやってきて、羊を襲い始めた。羊飼いの少年は「助けて、助けて。オオカミだ」と叫んだ。村人は彼の声を聞いたが、またしても彼が嘘をついておりオオカミはいないと考え、助けに行かなかった。その結果、オオカミは羊を食べてしまった。

ライナー・エアリンガー『嘘をつくと耳が赤くなる』より

失われた友情

　アミールとハッサンは共にアフガニスタンで育った。ハッサンは召し使いの息子だったが、二人はとても仲良しだ。ハッサンはアミールのすべてが好きだったが、アミールはハッサンに嫉妬することがあった。なぜなら、アミールの父親はハッサンのことをより愛しており、彼をひいきしていると、アミールは考えていたからである。ところが、アミールとハッサンは共に異母兄弟であり、アミールの父親がハッサンの父親でもあることを二人は知らなかった。

　ハッサンはいつも無条件にアミールの味方をする。たとえば、彼らが乱暴な若者アセフ、ウェイル、カマールに脅された時もそうだった。アセフがアミールを攻撃しようとすると、ハッサンは勇敢にアセフの行く手に立ちふさがり、石を飛ばすパチンコでアセフの目を狙うと、アセフは姿を消した。しかし、ある時ハッサンがアミールの助けをすぐに必要としたが、アミールはハッサンを助けることに臆病になり、隠れてしまった。ハッサンは、アセフと彼の友人たちによって、命にかかわるほどに殴られてしまった。

　その後、アミールはハッサンの顔をまともに見ることができなくなった。アミールは、自分の臆病さについて本当のことをハッサンに話すことはせず、代わりに重大な嘘をついた。彼は自分の新しい時計をハッサンのベッドの下に隠し、ハッサンに盗みの罪を着せたのだった。ハッサンはアミールの父親から問い詰められると、ハッサンはアミールを守るために、盗みをはたらいたことを認めた。アミールとハッサンはその後二度と会うことはなかったが、アミールは一生罪を負うことになったのだ。

カーレド・ホッセイニ『カイト・ランナー』より

正しい決断？

もうこれ以上緊張に耐えることはできない。すでに3ゴールを決められている。観客は熱狂して叫ぶ。試合時間はたった1分しか残っていないが、同点に持ち込むことはまだ可能だろうか。対戦相手より得点は上だったので、6年a組のチームはトーナメントを勝ち越すはずだった。オイゲーンにボールが渡ると、彼はゴールに向かったが、ケビンとの一対一の取り組みでボールを失ってしまっ

た。観客はもはや我慢の限界であった。ケビンはボールを蹴り返そうとしたが、彼は正確にボールを蹴ることはできなかった。今がチャンスだ。オイゲーンはボールを受け止めたのだが、彼は手を使っていたのだ。「ぼくはもうおしまいだ。試合を台無しにしてしまった」と彼は考え、大きな落胆とともにゴールに向かってボールを蹴った。シュートは成功した。ファンは熱狂し、相手チームは落胆した。審判も含め誰一人として、手を使ったプレイに気づいていなかった。オイゲーンがそれに気づいた時、彼は震え始めていた。そして彼はとても落ち着き、審判のところへ行き、説明した。

「嘘つきの行きつく先は硫黄が燃えさかる湖である」ヨハネの黙示録

「きみは嘘をつくべきではない！　たとえ嘘をつかなかったことによって世界が破滅しようとも！」ドイツの哲学者　ヨハン・ゴットリープ・フィヒテ（1762～1814）

「嘘は雪玉のようである。より長い時間雪玉を転がすほどに、大きくなっていく」

ドイツの宗教改革者　マルティン・ルター（1483～1546）

1　どのような理由によって、嘘がもたらされますか？

2　羊飼いの少年とオオカミの寓話に当てはまることわざを探してみましょう。

3　アミールはハッサンをとても傷つけたので、自分が嘘をついたことを申し訳なく思っています。あなたが経験した同じような状況について、口頭または文章で説明してください。どのようにして、アミールは自分の問題を解決できるでしょうか。

4　手を使ったプレイについて自ら申し出たオイゲーンの決断について、どのように評価しますか？

5　オイゲーンの行動をカントの考え方と比べましょう。カントはオイゲーンの決断をどう判断するでしょうか？

6　嘘によって引き起こされるさまざまな場面を盛り込んだマインドマップを作ってみましょう（34ページ「マインドマッピング」参照）。

> **嘘をめぐるカントの考え**
> 哲学者のイマヌエル・カント（1724～1804）は、お互いに相手を信用できなくなることから、嘘をつくことは非理性的であると考えた。もし嘘が許されたならば、人間は人として共同生活を送れなくなるだろう。彼は方便の嘘も許さず、人間はいかなる状況でも常に真実を言わなければならないと考えた。カントにとって正直な人間とは、たとえ真実によって自分自身や他人を傷つける場合においても、真実を話す存在なのである。

人が嘘をつく時は、意識的に真実を話さないのです。嘘をつく人は仲間を失望させますが、しかし嘘をつく理由はさまざまなのです。人は自分自身のためにも嘘をつきます。たとえば、勇気ある行動を行ったと言い立てることによって自分の評価を高めることや、あるいは何か不快なことに背を向けることです。結果として、周りの人々からの信用を失います。多くの人は嘘をつくことを不快に感じ、罪の意識をいだきます。しかしまた、嘘によって誰かをいたわろうとすることや、それどころか助けようとすることも可能です。このような「方便の嘘」が許されるかどうかについては、哲学者の間にも一致した見解がありません。

2．いつも本当のことを話さないといけないの？

3．真実はいつもはっきりしているわけではない

「見ようと思ったことしか目に入らない」

校庭でけんかが起きています。ティモの同級生のパウルが殴り合いをしているのです。先生がそこに来て、何が起きているのかを明らかにしようとしています。しかし、先生が生徒たちから聞いた話の内容はバラバラなのです。

「知りたいと思うことしか目に入らない！」

ゴードン・オールポートは、人間の頭の中にある想像やイメージが、真実を変える可能性があることを証明しようとしました。そのようなイメージの中には、アフリカ系アメリカ人に対する偏見も含まれています。たとえば、彼らは犯罪者の素質があり暴力的であると人はうわさします。この偏見はとりわけ白人の警察官の間で広まっているようです。ゴードン・オールポートは次の実験を行いました。

彼は、白人の警察官がアフリカ系アメリカ人を射殺する様子を写した写真を、一人の警察官に見せました。この警察官は、写真を見ていない別の警察官に、写真の内容を説明することになっていました。説明を受けた警察官が別の警察官に写真の内容を説明する作業をさらに繰り返していきました。その結果、12人目の警察官は、写真にはアフリカ系アメリカ人が白人の警察官を射殺する様子が写っていると説明したのです。

1 （80ページの）けんかの目撃者たちの頭の中にはどのような考えや思いが浮かんでいるでしょうか？　あなた自身も彼らの立場に立って、先生に何を言うことができるか考えてみましょう。先生が異なる説明を聞いている状況をロールプレイで演じてみましょう。

2 なぜ、証言の内容がバラバラになるのでしょうか？　たった一人が真実を述べているのでしょうか？　それぞれの目撃者はどのような「事前情報」を持っていると考えられますか？

3 （81ページの）警察官はどうして写真の内容を間違って伝えたのでしょうか？　彼らは嘘をついているのでしょうか？

わたしたちが物事を知覚する際、自分の感覚に左右されます。わたしたちは見聞きし、それが事実どおりであることに自信を持ちます。しかし、わたしたちが見聞きする内容は果たして真実なのでしょうか？　ほかの情報もわたしたちの知覚に影響を与えているのです。それらの情報には、わたしたちの経験、想像と知識も含まれます。たとえば、わたしたちの大親友が誰かを怒らせた時、大親友に関するポジティブなイメージを失いたくないがために、怒らせたことは仕方がないとみなせるような理由を探そうとするかもしれません。人は知りたいと思うことしか目に入りませんが、それはいつも真実であるとは限らないのです。

4．善いと悪い

テーブルよ、ご飯の用意

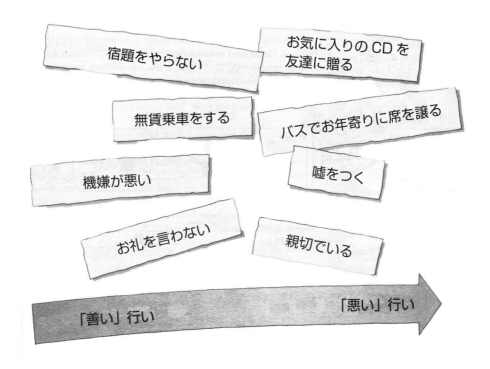

1	左のページに登場する人物の物語を話しましょう。
2	どの登場人物が「悪い」人で、どの人物が「善い」人でしょうか？ その判断は登場人物のどのような行動に基づいていますか？
3	グリム兄弟の『テーブルよ、ご飯の用意』の話を読み返してみましょう。どこに「善い」ことと「悪い」ことが描かれていますか？
4	ノートに横書きで目盛りを書き、上に書かれている例を分類しましょう。 たとえば、とても「善い」行動であると考える例を一番左側に書き、善くも悪くもない例を真ん中に書くなどしましょう。ペアになって、自分たちの判断について話し合いましょう。
5	自分自身でいくつかの例を考え、目盛りの中に書き入れましょう。

何が「善い」ことで何が「悪い」ことなのかを、ごく簡単に判断できる場合もありますが、たいていの場合には、状況とその背景をしっかりと正確に見なければなりません。たとえば、得をしたいからとか、単に楽しいからという理由から、間違っていると知っているにもかかわらず、何かをすることもあります。

1 漫画に描かれている息子が、今どのように感じているでしょうか？　自分の息子がしたことを父親が知った時、父親はどのように感じるでしょうか？

2 どこでユーモアがなくなり、どこからいんちきが始まっているでしょうか？

三つのふるい

　ある日のこと、ある男が哲学者であるソクラテスを訪ねて言った。「ソクラテスよ、聞いてくれ、きみの友人の振る舞いのことで、絶対に話さなければならないことがあるんだ」

　「ちょっと待て、とにかく話を一度やめてくれないか」と、ソクラテスは答えた。「話そうとした内容を前もって三つのふるいにかけてきたのかい」

　すると、男はソクラテスをきょとんとした様子で見ていたので、ソクラテスは続けた。「そうなんだ、口を開く前に必要なのは、まず考えを三つのふるいにかけることなんだよ。いいかい、よく聞いてくれ。一つ目は真実のふるいだ。説明しようとしたことが完全に真実かどうか、確かめたのかい」

　「いや、ただ聞いただけだよ」

　「なるほど。それじゃあ、少なくとも良いことかどうかのふるいにかけてきたんだね。だがわたしに言おうとしたことは、良いことなのかい」

　男はためらいながら言った。「いや、残念ながら違う。まったくの反対だ」

　「あぁ」と哲学者は叫んだ。「では、三つ目のふるいの話をしよう。説明しようとしたことは、役に立つことなのかい」

　「役に立つかどうか。必ずしもそうとは限らない」

　「ほらね、ならばこれ以上話さないよ！」とソクラテスが言い放った。「きみが言おうとしていることは、真実でもなく、良いことでもなく、また何の役にも立たないのだから、知りたくもないよ。それから、その話を今すぐ忘れることをすすめるね」。

　　　　　哲学者ソクラテス（紀元前470〜399）の現代版自由訳

バールトは真実を語った

「なんだってこんなに天気が良いのに、子どもを学校に閉じ込めておくのかな」とバールトは、朝出かけようとする妹のリーザに言った。先生から、この半年授業時間が十分に確保できなかったので、今日は2時間授業を延長すると知らされると、バールトは学校をさぼると決めた。

バールトはしばらく街の中をうろつき回っていたが、校長先生が自分を探しているのに気づいた。逃亡者として追いたてられたパニックに続いて、バールトは市長のおいのフレディー・クインビーの誕生日パーティーに出くわした。フランス人ウェイターのラコステの「スープ」の発音がおかしいことにフレディーは怒っていた。

フレディーがウェイターに対して、「スープ」の発音をきちんとするよう繰り返し要求する様子を、バールトはキッチンでひそかに見ていた。しかし、ウェイターはフレディーの要求をかたくなに拒み続けたのだ。そして、フレディーがキッチンから立ち去ろうとした時、ウェイターは足を滑らせて不幸にも転んでしまい、ケガをした。フレディーはウェイターを殴ったとして訴えられてしまった。

バールトは、無実のフレディーを有罪判決から守ろうとすれば守れるので気がとがめた。しかし、バールトが学校をさぼったことに対して校長先生が与える罰は、想像することができた。学校のカフェテリアで卒業まで働かされるのだ。ところが最終的に、バールトは裁判所で真実を述べることにした。フレディーは無罪判決を言い渡され、バールトは正直であることを校長先生からほめられた。しかしながら、彼は4週間、居残り勉強をさせられたのだった。

1	わたしたちはなぜ、時として、どこかで聞いた話をほかの人に伝えずにはいられなくなるのでしょうか？
2	もし、うわさや主張を本当かどうか確かめずに伝えていった場合、どのようなことが起きるのかを説明しましょう。
3	三つのふるいのうち、どのふるいが最も重要ですか？　その判断の理由を説明しましょう。
4	あなた自身もバールトと同じように行動するでしょうか？　その判断の理由を説明しましょう。
5	バールトを居残り勉強させるという校長先生の判断について、どのように考えますか？

「善い」ことと「悪い」ことは、おとぎ話や映画、テレビの想像の世界においても、日常生活においても、わたしたちの身にふりかかります。明らかに悪意のない行動であっても、それがほかの人々にとってどのような意味をなすのかについてよく考えなければなりません。大切なのは、自分自身の行動に責任を取ることであり、万一の場合は罰を受けるのに同意することなのです。

5.「善い」ってどんなこと？
「悪い」ってどんなこと？

① 2歳のある子どもの一日の流れ（まとめ）

8：10　香水をカーペットの上に吹き付ける。いい香り。ママは厳しくしかる。すると香水が禁止に。

8：45　パパのライターを取って、コーヒーの中に入れようとした。ママが「ペーター！」と叫ぶ。ライターを元の場所に戻した。ママは笑っている。ライターが禁止に。

9：00　ママと一緒にキッチンにいた。鍋をひっくり返した。すると中身が飛び散った。一人で廊下に出された。鍋が禁止に。

9：15　おまるの上に座り、用を足す。ほほにキスされる。トイレができることは良いことだ。戸棚のカギを抜く。ママは必死に探している。

9：30　ぼくもカギがどこにあるのか分からない。手をぴしゃりと叩かれる。戸棚のカギが禁止に。

10：00　赤色のペンを見つける。それで壁紙を塗った。ママは涙を浮かべて必死に消そうと頑張っており、叱ることさえできない。厳しく禁止に。

10：15　積み木を引っ張りだしてきた。高い塔を作った。どん、ずしん。すべての積み木が再びばらばらとなった。ママは頭をなでた。積み木は許された。

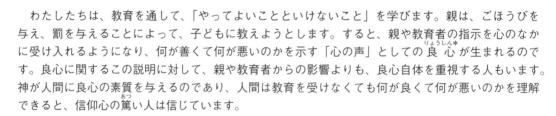

　わたしたちは、教育を通して、「やってよいこといけないこと」を学びます。親は、ごほうびを与え、罰を与えることによって、子どもに教えようとします。すると、親や教育者の指示を心のなかに受け入れるようになり、何が善くて何が悪いのかを示す「心の声」としての良心が生まれるのです。良心に関するこの説明に対して、親や教育者からの影響よりも、良心自体を重視する人もいます。神が人間に良心の素質を与えるのであり、人間は教育を受けなくても何が良くて何が悪いのかを理解できると、信仰心の篤い人は信じています。

> 「罪を犯すことを良心は妨げない。しかし、罪を犯すことを楽しむのを、良心は妨げるのだ。」
> スペインの外交官で作家、サルバドール・デ・マダリアーガ（1886～1978）

② 良心のかしゃく

　彼らはイエスを捕らえると連行し、大祭司の家に連れて行った。ペトロは、距離を取って彼らについて行った。人々は庭の真ん中で火を焚いてその周りに座った。ペトロもそこに加わり座った。ある女中はペトロがいることに気づいて、彼をじっと見つめた。「ここにいる男は彼と一緒にいた」と女中は言った。ペトロは否定して言った。「彼のことなど全く知りません」その後、ある男がペトロに気づいて言った。「お前も彼らの一員ではないか」しかし、ペトロは反論した。「何のかかわりもありません」おおよそ一時間後にもう一人の男が主張した。「この男もガリラヤ出身なので、彼と一緒にいたことは間違いない」しかし、ペトロは否定する。「あなたが話していることについて何も知らない」その瞬間、おんどりが鳴いた。主は振り返ると、ペトロを見つめた。主が彼に言った次の言葉をペトロは思い出した。「おんどりが鳴く前に、お前はわたしのことを知らないと三度主張するだろう」ペトロは外に出て、絶望して泣いた。

ルカによる福音　22章54～62節より

> 「良心に反して行われることはすべて罪である。」
> イタリアの哲学者で教会博士、トマス・アクィナス（1225?～1274）

③悪はもう頭の中に隠れている？

新たな研究結果が発表されています。たとえば、自分の行動は「善い行動」か「悪い行動」かという判断を、人間は自分で行うことができないと、脳科学者は主張しています。脳の中のつながりが、行動を決めているのだと脳科学者は言います。

さらに、人間は善と悪に関して生まれつきの感覚を持って誕生すると言います。学者はその理由として次のように説明しています。

1. 脳のある部分が損傷を受けると、人間は善と悪の区別ができなくなってしまう。
2. 地球上どこに住んでいても、人間が持つ善と悪に関する感覚は同じであるようだ。
3. あらゆる国の規定と法律は大変似ている。

1 左のページ①の2歳児がその日に何を体験したのか（彼自身が何をして、母親がどのように反応し、その子どもは母親の反応をどのように評価したのか？）について書きましょう。何をすべきか、また何をすべきではないかについて、子どもはどのように学ぶのでしょうか？　幼い頃に学んだことは、後にどのような結果を生むでしょうか？

2 自分自身を、左ページ②「良心のかしゃく」に登場するペトロの状況に当てはめてみましょう。ペトロはなぜ泣いたのですか？

3 オットーは売店でお菓子を盗みました。彼の行動は店主にばれていました。③の脳科学を引き合いに出すと、彼はどのように弁明するのでしょうか？　それらの弁明は説得力のあるものですか？

4 良心の起源について述べられた①〜③の三つの説明を自分自身の言葉で書き直し、あなた自身が一番納得できる事例も使いながら話し合いをしましょう。

人間の「善い行い」と「悪い行い」の由来については、さまざまな説明がなされます。特に親による教育がわたしたちの行動に影響を与え、その次に先生のようなほかの人が影響を与えると考える人は多いでしょう。一方、たとえば信仰心の篤い人は、神の存在によって説明します。これに対して、「善い」または「悪い」行動の原因は、脳の構造の中で見つかると説明する脳科学者もいます。

6．なぜ善い行いをし、悪い行いはしないでおくの？

ギュゲースの指輪

ピラトンの伝承話の一つに、死んだ男の手にある秘密の金の指輪を、ある羊飼いがどのようにして見つけたのかという昔話がある。羊飼いは指輪を引き抜くと、自分の指にはめた。羊飼いは、手のひらの内側に指輪を回すと、自分の姿が消えることに偶然気がついた。もう一度指輪を外側に回すと、姿は再び見えるようになった。こうして、羊飼いは指輪の素晴らしい力を使おうと決心したのだ。

1　一日あるいは一週間、この指輪を持つことができると想像してみましょう。自分の姿が見えなくなっている間に何をしたいですか？（125ページ「思考の実験*」参照）

2　考えた物語を発表しましょう！　物語の内容はどの点で似ていて、どの点で異なっていますか？　あなたがたの決断にとって、どの背景や事情が重要ですか？

他人を犠牲にして

その新郎新婦はお金をたくさん持っていなかったが、皆と結婚を一緒に祝いたかった。喜びを分かちあうことで、喜びが二倍になると考えたからであった。そこで、たくさんの客を呼んで大きなパーティーを開くと決めた。自分たちの喜びをほかの人と分かちあえないなんて考えられなかったのだ。だがこのままでは、どっちみち客に喜びよりも同情の気持ちが広がってしまう。そこで、彼らは招待客にワインを一本持ってくるように頼んだ。玄関に大きな樽を置き、招待客がその中にワインを注ぐことができるようにしようと考えたのだ。そうすれば、客がほかの客からの贈り物を飲むことができ、皆が喜びに満ちた陽気な気分になるだろうと考えたのであった。

パーティーが始まった時、ウェイターが樽のところへと行き、樽の中身をすくった。しかし、樽の中身が水だったことにすべての客が気づくと、がくぜんとした。皆が同じことを考えていたとわかり、皆はその場で座ったままか立ったまま石のように固くなった。自分が一本分の水を樽の中に注いだとしても、誰も気づかないだろうと考えていたのだから。今日はほかの人たちの費用を使って祝おうというのが、客たち全員の考えであった。

動揺、恥ずかしさと不安でいっぱいになったが、原因は飲み物が水しかないということだけではない。真夜中になりフルートの演奏が終わると、皆は黙り込んで家路についた。パーティーは開かれなかったかのようだった。

中国の寓話より

1　なぜ、パーティーは「開かれなかった」と言われたのでしょうか？

2　「分かちあうことで喜びが二倍になる」ということわざについて説明しましょう。

どのように行動すべきなの？

13歳のチリ出身の若者たちが、なんでもじっくり考える年寄りのイバラ先生と一緒に、「なぜ人は善い人であるべきなのか」や「なぜ善い行いをすべきなのか」という問題について話し合っている。

カミラが話しはじめた。「例えとしてこんなことを想定してみます。私が、ある高価な指輪を見つけて、それが友だちのものであるにもかかわらず自分のものにしたいと思っているとしましょう。もしその指輪を自分のものにしたならば、私はまちがいなく強い罪悪感をいだくことになります。なぜって、もし友だちが私にそんなことをしたら、私は憤慨するでしょうし、しかも私は被害者本人なので、その友人に怒りすら感じるはずだからです。たぶん、自分自身が何か似たような悪いことをしてしまった場合には、悪いことをしたほかの人たちに対して憤慨しながらも、後ろめたさを感じるようになるはずです」

「それはそうだけど」とセバスティアンが遮った。「だけど、もし誰かが良心の呵責を完全に無視したとしたら、その場合はどうなるんだろう？」

「どうしたら良心の呵責を無視するなんてことができるの？」とグローリアが訝しげにたずねた。

「すごく簡単なことだよ、グローリア」とセバスティアンが言った。「かりにぼくがカミラの指輪をすごく気に入って、自分のものにしようと決めたとしたら、その場合、罪悪感なんてぼくにはほとんどどうでもいいことだよ」

グローリアは黙った。いったいどうやって反論したらいいのかわからないでいるように見えた。

「セバスティアンが言ったことには、一理ある」とイバラ先生が口をはさんだ。「当然、そういうことは起こりうるんだ。あるものに対する利害関心がとても強ければ、それだけ罪悪感は弱まってしまいかねない。とはいえ、こういう個々のケースが普遍的な法則に影響を及ぼすことはありえないと思うよ」

「どうしてですか？」とセバスティアンがたずねた。

「評価されるのは善い人間であって、悪い人間ではないからだよ。自分は罪人だという意識をもたざるをえないとき、私たちは自分のことを、軽蔑すべき人間だとみなすんじゃないかな？（中略）」

「だけど、もし誰もその悪事に気づいていないとしたら？」とセバスティアンは食いさがった。

「そうだとしても、自分を責める気持ちはそのまま残る。あらゆる人々から賞賛や承認を得ているとしても、内心では、自分は悪いやつだと知っているんだからね（中略）」（中略）

「うん、たしかに」とマヌエルが言った。「でも、たぶんそれよりも何よりも、自分自身のふるまいを恥ずかしいと感じるからだと思うよ」

「私たちを普遍的なふるまいへと駆り立てるのは自分の羞恥心である、と言ってよさそうだね。それと、人間として価値がない、などと自分のことを思いたくはないという願望じゃないだろうか？」とイバラ先生がたずねた。

「はい、それがぼくにとってはいちばん重要なことだと思います」とマヌエルが答えた。

エルンスト・トゥーゲントハット、セルソ・ロペス、アンナ・マリア・ビクーニャ
『ぼくたちの倫理学教室』（鈴木崇夫訳、平凡社、2016年）より

1 人は、他人から見られていなくとも、良い行動をするとイバラ先生が主張するのはなぜなのか、理由をまとめましょう。その考えは正しいのかどうか、またあなたがた自身はマヌエルが最後に述べた意見に同意するのかどうかを話し合いましょう。

本来ならばすべきではないことをやってしまう理由はさまざまです。しかし、自己中心主義によってほかの人や結局は自分自身を傷つけるということ、最後にはすべての人が悲しい思いをするということを自覚している場合、人はたいてい良い行動をとります。たとえその選択が厄介な場合でも、鏡を見た瞬間には自分自身を誇りに思うのではないでしょうか。

7．観点を変える

信用を失ったオオカミの話

わたしは森の中に住んでいた。そこに手入れのゆきとどいたわが家があった。木の陰からのぞいてみると、かごを持った女の子がこちらへやって来るのが見えた。女の子は姿を隠すかのように、頭を覆い隠し、全身赤色のとてもおかしな恰好をしていたので、怪しげに見えた。

ところで、人を外見で判断すべきではないということはわかっていたが、ただ彼女がわたしの森の中にいたので、彼女を知ることが必要だと考えた。彼女が誰で、どこから来たのか、まさにそのようなことを聞いてみた。「知らない人とは話さない」と、彼女は最初に冷たい態度で言った。「知らない人？」よりによって、家族全員をこの森で育て上げたわたしに向かって。…

彼女をそのまま行かせたが、わたしは彼女より先におばあさんの家へと走って行った。この親切なお年寄りの女性は、その出来事を話すとうなずき、「孫はもう少し思いやりについて学ばなければ」と語った。わたしがおばあさんを呼ぶまで、姿が見えないようにしておく――実際にはベッドの下に隠れる――と、わたしたちは取り決めた。女の子が家に着くと、おばあさんの服を着てベッドに横たわっていたわたしは彼女を寝室に呼んだ。赤い頬をした彼女が部屋に入ると、彼女はわたしの大きな耳について侮辱的な発言をした。わたしはすでに傷ついていたので、その状況をなんとかうまく切り抜け、大きな耳は彼女の声をより聞こえやすくするためだと答えた。…ところが、彼女はまたもやわたしの大きな口に関しておせっかいな発言をした。この女の子は、最初は親切そうだったが、実際はとても感じの悪い人物であった。この小さな女の子に対する自分の気持ちがどのようになったかについては、きみたちもきっと想像できるだろう。しかし、腹の立つことも多少は言葉に出さずに我慢しなければならないということを学んでいたので、わたしの大きな目は彼女のことをより見やすくするためだ、と言うだけにした。ところが、彼女の次なる侮辱はひどすぎた。いまやわたしは自分の大きな歯に関する問題を抱えたが、この女の子は、大きな歯について意見を求めてきたのだ。自分自身をコントロールすべきであることは分かっていたが、わたしはベッドから飛び上がり、「大きな歯はお前を食い尽くすのに役立つのさ」とうなるように言った。

さて、誤解のないように言うと、これまでに女の子を食べたオオカミはいない。皆がそれを知っているのだ。ところが、この愚かな女の子は叫びながら家中を走り始めた。わたしは彼女を追いかけ、なだめようとした。…するとドアがバーンと音を立てて開き、身長2メーター程の営林署の男がおのを手に立っていた。彼を見つめると、大変困難な状況に陥ったことがわかった。後ろに開いた窓があったので、わたしはそこから飛び出した。…その後、人はわたしが恐ろしい生物であり、わたしを信じてはいけないと説明するようになったのだ。

ジェイミー・ウォーカー

1. このテキストは、原作の童話『赤ずきん』とどのように異なっているでしょうか？
2. オオカミは赤ずきんをどのように見ていたのかを描写しましょう。オオカミは何を怒っていたのですか？
3. オオカミと赤ずきんの間にどのような誤解が生じていたのでしょうか？
4. すべての誤解が解けるように、赤ずきんとオオカミの会話をつくりましょう。その会話を劇にして演じましょう。
5. このオオカミのように一度信用を失ったことがありますか？ またはそのような人を知っていますか？ その人について書き出すか、口頭で発表しましょう。
6. ほかの童話から登場人物を一人選び、その人の観点から出来事を書きましょう。

良い人でいるための理由

次のようなことが言えます。「幸せ」や「楽しい」と感じれば感じるほどに、腹を立てる気持ちが小さくなっていきます。人を不幸にし、怒りっぽくさせる代わりに、あらゆる手段を尽くして幸せになるよう手助けするのは、まともではないのでしょうか。人が不幸になる手助けをする、不幸が軽減するための手助けを何もしないという人は、人の不幸について責任があります。ですから、そのような人は、たくさんの腹立たしいことが世の中にはびこっていることについて不平を言う筋合いはありません。…

スペインの作家で哲学者、フェルナンド・サバテール（1947年生まれ）

プロジェクト1：「良い日」

フェルナンド・サバテールが言うように、人が不幸な時には腹立たしいことについてより怒りやすくなり、こうした状況を変えられないのはわたしたち自身に責任があります。

たとえば「水曜日」というように、ある曜日を選び、一か月間その曜日には「良い」行いだけをしましょう。すべての人に親切で協力的になるとともに、どのような親切ができるかを考えましょう。そして、どんなことが起きているのか、観察しましょう。もしかすると、あなた自身や仲間の中で何かが変わっていくかもしれません。

プロジェクト2：「良いこと」日記

自分を怒らせた出来事や人についてばかり語り合っていないでしょうか。そのような行いは残念です。なぜなら、人生の中では、良いこともたくさん起きているからです。1週間から2週間の毎晩、その日にあなたがたの身に起きた「良い」出来事を最低5つ書き記しましょう。たとえば、誰かがあなたのためにおいしい食事を作ってくれたかどうか、あるいは誰かがあなたに親切にしてくれたかどうかです。この日記を書くことで、人生のポジティブな面に注意を集中させることができるでしょう。

ーそうするべきだよ！
ーそうしなきゃならないよ！
ーそうしても良いの？
決めるのはわたし…。

法律、国家、経済への問い

第5章　ルールと法律

みなさん、こんにちは。ちょっと耳をかたむけてくれませんか？
法や権利を学ぶことは、全然難しくないのです。
「権利がある」ということを想像してみてください。
それも、子どもたちのためだけにある法や権利を。なかなかいいことなのです。

世界の子どもたちは、どのように暮らしているのでしょうか？
この質問を、国連が投げかけたことがあります。
子どもたちはどのように生きていて、どのようにして大きくなるでしょうか？
愛と幸運がすべての子どもに転がり込むわけではないのです。

ですから、国連は素晴らしいことを考え出しました。
何かと言うと、すべての世界の子どもたちのための権利を作ったのです。
この権利は、暴力や人を苦しめる政治からあなたがたを守るためのもので、
親にも関係しているのです。

例：
「子どもの権利条約」第7条：
「児童は出生の時から名前と国籍を
得る権利を持つ。
また、可能な限り、両親を知る権利と
両親によって養育される権利を有する」

> 国連＊→国際連合：
> 世界平和の保障および国際法の遵守
> と人権保護のための192か国の連合

1. あなたがたに認められた権利と法律について調べて集めましょう。

2. 法律とルールはどのようにちがうのでしょうか？見分け方を見つけましょう。

3. 子どもが自分の名前を得る権利というのはどうして大切なのでしょうか？

1. 何でもやりたいようにやっていいの？

ルール

交通計画を立てる人になったと想定します。上のイラストをもとにして、道路を使う人が満足できるような交通管理を構想（こうそう）しましょう。

　混乱（こんらん）した状況に秩序（ちつじょ）をもたらす交通ルールが定められたので、道路を使う人は皆、仕事や学校へ安全に行くことができるようになりました。

　日常のなかに「ルール」は存在しています。ルールは安全を向上させ、命と健康、そして財産を守ります。ルールには、決まった行動を義務づける原則が含まれます。道路交通やスポーツ、学習、仕事や遊びの場で、ルールを無視することはできません。もし、上のスケッチに描かれているような混乱が、あらゆる生活の場に入り込み、すべての人が頭に思い浮かんだことや一番楽しいことを好き勝手に行ったならば、どのようになるのか、想像してみてください。それでもまだ楽しむことができるでしょうか？　ほかの人はどんな反応を見せるでしょうか？　そもそもそのような状況では、平和な相互関係（そうごかんけい）はありうるのでしょうか？

　原則は視覚的に示されています。たとえば交通標識や遊びのルール、スポーツのルールなどに見られます。一方で、言葉によって言い伝えられる原則や、皆で一緒に取り決めた協定にもとづく原則もあります。

交通標識（ひょうしき）や大勢でするゲームを三つ選び、どのようなルールがあるかを説明しましょう。

94　第5章　ルールと法律

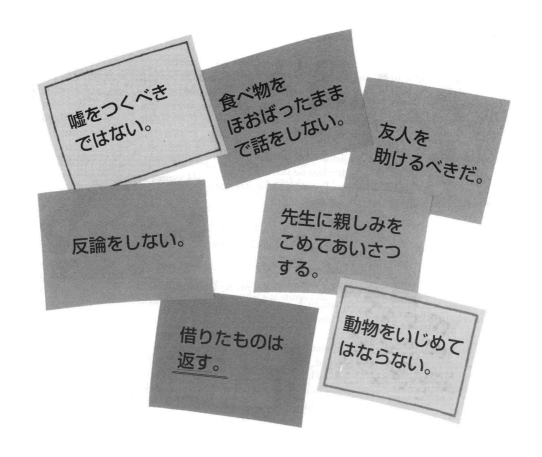

芝生に立ち入り禁止！

1	交通標識が無い状況をイメージしましょう。道路では何が起こるでしょうか？
2	このページの上に書かれているルールには、どのようなちがいがあるでしょうか？
3	見出しを考え、それにしたがって上に書かれたルールを配置しましょう。また、見出しに合うようなルールを新たに付け加えましょう。
4	ルールが変えられた例を集めましょう。
5	左の絵の場面の消防士(しょうぼうし)は、どのルールに従っているのでしょうか。ここに描かれた消防士がどのような決断をしているか、説明しましょう。

1．何でもやりたいようにやっていいの？　95

黄金律(おうごんりつ)

「されたくないことは、人にもするな」という、有名なことわざがあります。この「黄金律」は、人間が相互関係を築くための最も古い原則と言えるでしょう。

紀元前2世紀のユダヤ教の聖書では、黄金律は次のように理解されています。
「されたくないことは、人にしてはならない！」
トビト記　4章15節（ヘブライ語聖書*）

キリスト教では次のように表現されています。
「あなたがしてもらいたいように、人にしなさい」
マタイによる福音　7章12節（新約聖書）

イスラム教の黄金律の様式は次のとおりです。
「自分が望むことを兄弟にも望まないのであれば、誰一人として信者ではない」
アンナリウィーの40のハディース　第13の伝承

仏教では次のような表現を見つけることができます。
「自分にとって好ましくない、喜ばしくない状態は、ほかの人にもあってはならないだろう。また、自分にとって好ましくない、喜ばしくない状態を、他人に強いることがどうしてできるのだろうか？」
相応部経典(そうおうぶきょうてん)　第5集　353.35-354.2

ヒンドゥー教では黄金律が次のように述べられています。
「自分自身にとって不快に感じるようなふるまいを他人にするべきではない。これが道徳の本質である」
マハーバーラタ　第8巻　114.8

それほど簡単ではありません！

「ほかの人にどのようにふるまうべきかを定めた最も大切な規定は、とても単純です。自分がしてほしい態度を、ほかの人にもするべきだということです」ペーターズ先生は授業でそのように説明しました。きっと、似(に)たような格言を親からも聞いたことがあるでしょう。休み時間にマーシーが言いました。「黄金律は、ペーターズ先生が考えているほど単純なものではないわ。おかしいかもしれないけ

れど、一つ例を出してみるわ。わたしは、ソーセージを入れたジャガイモのサラダやたくさんのタマネギ、キュウリ、リンゴを入れたジャガイモサラダに、マヨネーズをたっぷりかけて食べることがものすごく好きなの。誕生日にお客さんを招待した時、黄金律にしたがって、お客さんにソーセージを入れたジャガイモのサラダを出したの」「たくさんのタマネギ、キュウリ、リンゴとマヨネーズをたっぷり入れて」とカルラが続けて言い、にやっと笑った。「その通り」とマーシーが言って続けた。「だって出してほしい料理を、お客さんにも出すべきでしょ。でも本当にそうしてほしいかしら。何か違う気もするのよね」。

「ぼくもそう思う」と、クラスでよく冗談を言うハンスが答えた。ハンスは続けた。「ぼくは品のない冗談を聞くのが好きなんだ。だから、おばあちゃんやいつも上品ぶっているジョセフおじさん、妹、それからペーターズ先生に、品のない冗談をひっきりなしに聞かせたいのさ」ハンスが望んだとおり、笑いが起こった。

「黄金律があると、難しく考えなくてすむわね」とカルラが話した。「わたしはテクノを聞くのが好きだから、テクノのCDがもらえたらうれしいわ。人に何をプレゼントにするべきかが今わかった。とても簡単よ、テクノのCDだわ」。

「もうお手上げだわ」とマーシーが言って、話を始めた。「説明をすればするほど、わたしには黄金律がおかしなものに思えてくるの」彼女は繰り返した。「何か違う気がするの」。

ヘルムート・エンゲルス

1　「何か違う気がするの」。マーシーのこの主張がもっともである理由を皆で考えてみましょう。

2　黄金律を正しく用いたい場合、マーシー、カルラ、ハンスは自分自身にどのような問いを投げかければ良いのでしょうか？

3　黄金律に関するさまざまな解釈（かいしゃく）の違いを明らかにし、それぞれの解釈について、生活のなかでの例を考え出しましょう。

4　世界の主な宗教のすべてに、黄金律が存在します。共に生きるなかで、黄金律が大切である理由を考えましょう。

　どのような共同社会でも、社会のメンバーには権利と義務がともないます。そうした権利や義務は、ルールや規範（きはん）＊、法律と同じように、時の流れにしたがって変化していきます。長い期間にわたって認められているものもあり、たとえば黄金律は、今日なお相互関係の手引きとして役立っています。

　ルールとは、人間社会で用いられる取り決め（合意）であり、スポーツ、道路交通のルールやゲームルールなどがあります。ルールには変更できるものもあります。ただし、すべての関係者がルールの変更に同意している場合のみで、たとえばスポーツやゲームあるいはクラスのルールを変える時などです。

1．何でもやりたいようにやっていいの？

2. 従わなければならないの？

法律——昔と今

すでに紀元前には、支配者によって公布された命令というものが数多く存在していました。バビロン王ハンムラビは、彼が考えた法律を石に刻ませました。完全な法律集が刻まれた柱は、現存する世界で最も古い法典であり、現在パリのルーブル美術館で展示されています。

第 1 条　他人に罪を着せ、殺人行為を非難し、（法廷で）その人を罪にとがめたが、その人の罪を証明しなかった者は殺される。

第200条　同格の人を殴り、歯を折った者は、自分が行ったように歯を抜かれる。

第233条　大工が家を建てたが、その家が長持ちせず、壁が崩れ落ちた場合、その大工は自分の金でその壁を補強しなければならない。

ハンムラビ法典より（抜粋）

今の世界にも、権利と義務、ルールと法律に関する書物があります。たとえば、基本法、民法典、刑法典です。

第186条　他人に関して、その人を軽蔑させるような事実あるいは世論においてその人を誹謗するような事実を主張もしくは流布した者に、（中略）1年以下の自由刑もしくは罰金刑（中略）を科す。

第223条　他人の身体を故意に傷つけもしくは他人の健康を害した者に、傷害の罪により5年以下の自由刑もしくは罰金刑を科す。

第303条　他人の物を違法に損傷しもしくは破壊した者に、2年以下の自由刑もしくは罰金刑を科す。

ドイツ連邦共和国の刑法典より

1. 上の条項の内容を自分自身の言葉で書き換えましょう。
2. ハンムラビ法典に書かれているさまざまな刑罰の種類を分けるとともに、刑罰に関する意見を述べましょう。
3. かつてのバビロンの刑罰とドイツ連邦共和国の刑罰は、どのような点で異なっているでしょうか？
4. 法律は、刑罰による威嚇がなければうまく機能しません。その理由について意見を交わしましょう。どのような目的を法律が持つべきなのかを説明しましょう。

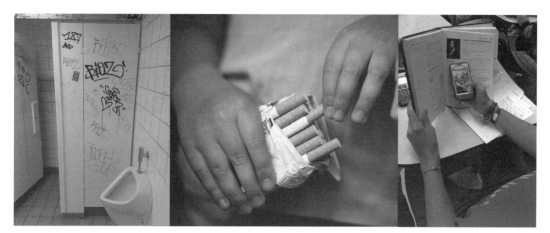

見ないふりをするのか、きちんと向き合うのか？

ドイツのすべての連邦州には「学校法」という法律があり、校則もその「学校法」という根拠にもとづいています。

ある学校の校則より──その基本方針

- 共に生活するためにはルールが必要です。これは、学校での生徒と教師の関係にも当てはまります。生徒と教師がお互いを信頼し合う関係は、授業以外の場においても必要です。ですから、教師、生徒、そして親がこの信頼関係を同じように守ることが、配慮や公平、寛容の雰囲気を生み出すために重要です。
- 教師と生徒の行動は、常に世間のなかのわたしたちの学校の名声にふさわしいものであるべきです。
- 校則は、学校生活を形作る基盤となるものですが、一方で、起こりうる紛争を防いだり、解決するための適切な基盤を示すものであるべきです。

ある学校の校則より

1 ルールの必要性や目的に関して、上の校則は何を述べているのかを明らかにしましょう。

2 あなたがたの学校の校則を調べましょう。学校生活のどの部分について定めていますか？校則が関係するすべての人を同じように尊重しているかどうかを考えましょう。

3 ドイツのノルトライン・ヴェストファーレン州の学校法第53条では、重大な規則違反に対するいわゆる教育的な働きかけや懲戒措置が定められています。どのような措置が書かれているのかについて調べましょう。

4 写真に示された状況にどのように対応するかを考えましょう。そのあと、ふさわしい提言ととられるべき必要な「措置」について話し合いましょう。

子どもの町

あるところに、不思議な町がありました。この町には子どもだけが住んでいるのです。町の入り口の標識に次のようなことが書かれています。「大人は町当局による明確な許可がある場合のみ入れます！」

大人が町に入りたいときは、手間のかかる許可のための手続きを毎回行わなければなりません。手続きには数年間かかり、最終的に許可されないこともありました。

しかし、許可を受けることができた大人は、3日間有効のビザを受け入国することができました。すべての入国審査が終わると、大人用ホテルの部屋をもらいました。

入国できた大人は3日間、見たいものを見物することができました。しかし、監視がなくなることはありませんでした。付き添い役の子どもが入国できた大人に付き、いつもそばにいました。大人は身体の大きさからもちろんすぐに人目につくので、付き添いなしに出かけようものなら、大人を捕まえるためだけに存在する子ども警察によってすぐに逮捕され、追放されるのです。ほかにも、大人が町の生活に慣れる際の大きな困難があります。

付き添い役は常に割り込んできて、大人に警告や注意を行い、色々と教えなければなりません。それゆえ、字の書ける年長の子どもは、次のような行動規定が記された書類を印刷していました。

1. あなたは子どもの町の客です。ふさわしい行動を取りましょう。
2. 大人にとって低すぎる天井やドアにぶつかっても、決して文句を言わないこと。
3. 無秩序なことに対して決して苦情を言わないこと。
4. 太い足で子どもの足先を踏まないように注意すること。
5. 不快に感じた場合も、自分に向けられた質問にはすべて答えること。
6. 「時間がないから」とは決して言わないこと。
7. どうすれば良いかわからない時は、常に次の格言を思い浮かべること。子どもに注目！そうすれば、いつも正しい行動ができるでしょう。

子どもの町を訪れた大人たちは、子どもの町で争いや口げんかが起きないのはなぜかを発見したかったのです。大人の学者がその理由について議論を重ねました。ある学者は、おろかな大人がおらず、子どもが大人から学ぶことができないのが理由だと主張しました。またある学者は、子どもの町を平和にする何かの物質が、子どもの町の空気に混ざっているからだと考えました。別の学者は、悪い行いをする人間が一度もいなかったことから、子どもの町の子どもたちは人間ではないと主張しました。すべては子どもたちの遊びとして行っていることだと言う学者もいました。

トーマス・クロッケとヨハネス・ティーレ

1 　左ページの子どもの町の生活のどんなところが気に入りましたか？　子どもの町の生活は、現実にあり得ることでしょうか？

2 　大人の訪問者のために作られたルール、命令、禁止事項をすべて探し出しましょう。それらにかかわる考えや立場を明らかにし、「子ども警察」による管理や刑罰の措置について批判的に分析しましょう。そのために、自分の立場を一度、反対側に置いてみましょう。つまり、子どもから大人の立場に変わるのです。この物語の中の大人のように、あなたも扱われたいかどうかを考えてみましょう。

3 　子どもの町では、どうして争いが起きないと考えますか？
これを考えるために必要な情報は、「子どもの町」の物語から読み取ることができるでしょうか？
仲間と協力し、子どもたちが作ったルールの一覧である「子どもの町のルール」を使って、物語を完全なものにしましょう。

4 　では、現実世界に戻りましょう。子どもと大人が共に生きる際の重要な原則が書かれたルールの一覧表を作成しましょう。または、共通のルールや規範に関連したマンガを描いてみましょう。

　どのような共同社会でも、社会のメンバーには権利と義務がともないます。そうした権利や義務は、ルールや規範、法律と同じように、時の流れにしたがって変化していきます。長い期間にわたって認められているものもあり、たとえば黄金律は、今日なお相互関係の手引きとして役立っています。

　ルールとは、人間社会で用いられる取り決め（合意）であり、スポーツ、道路交通のルールやゲームのルールなどがあります。ルールには変更できるものもあります。ただし、すべての関係者がルールの変更に同意している場合のみで、たとえばスポーツやゲームあるいはクラスのルールを変える時などです。

　規則とは、ある領域についての複数のルールや規範をまとめたもので、学校の校則や道路交通の規則などがあります。社会を構成する人の権利と義務は、規則の中に細かく記載されています。規則に違反した人は、「懲戒措置」によって罰を受ける可能性があります。

　法律は条文によって定められています。すべての人に法律を守る義務があり、法律に違反した人は、罰せられます。法律なしでは社会の共同生活は成り立たず、もし法律がなければ、「弱肉強食」が通用する動物の世界のようになってしまい、弱者が共同社会において機会を得ることはなくなってしまうのです。

　すべての国に法律があり、さまざまな分野で適用されています。たとえば、青少年や環境を保護するため、あるいは学校運営を安定させるためです。法律は簡単に変えることはできません。なぜなら、国民の代表者は、法律を変えるためには、過半数の賛成を得なければならないからです。

3．法律に違反するとどうなるの？

墓地での殺人

まもなく4人の青少年は、メンヒェングラードバッハ地方裁判所の少年法廷で、自らの欲望による共謀殺人を弁明しなければならない。3月20日にヒュッケルホーフェン・シャウフェンベルクにある墓地の駐車場で年老いた運転手を2回ナイフで刺して殺害した15歳および14歳の少年と少女の罪を検察はとがめている（ドイツでは、14歳で刑法上の成年となる）。

4人組が事件後に被害者の車で行方をくらましたことを警察は突き止めた。

それより前に犯人は重傷を負った被害者に車の鍵と携帯電話を要求していた。通行人が犯行現場で負傷によって死亡した被害者を発見したのだった。（中略）

デュッセルドルフ出身で16歳の女の共犯者は、車を盗むことが目的だったらしい。そして、スペインへと旅するつもりであった。

難しい家庭環境の出身であり、一部の者はすでに家を離れている。4人組は、スペインで新たな生活を始めたかったのだ。

リオに住むジョアン

ジョアンはリオデジャネイロに住んでいる。そこは南アメリカのブラジルにあるとても大きな都市だ。ジョアンは毎日小さな荷箱を引いて出かける。その中には靴墨の缶とブラシと布切れが入っている。多くの人が訪れるショッピングストリートの角に毎日立ち、靴磨きをすることでわずかなお金をくれる客を待つ。運よくいくらかのお金を稼いだ日は、食べ物を買う。ジョアン自身と彼のように路上に住むほかの子どもたちのためである。うまくいかなかった日は、ジョアンはおなかを満たすために泥棒をする。食べ物と飲み物だけを盗むときもある。口が開いている財布に手を伸ばすこともある。夜になると、ストリートチルドレンは大きな教会の裏手に集まる。そこでは、それぞれの子どもが手に入れたものが、別の子どもたちに分け与えられる。その場所で皆は眠りにつく。多くの警察官にとって、ストリートチルドレンは目の上のたんこぶだ。それゆえ、夜の間に警察官が現れ、ストリートチルドレンを牢屋に送るということが起こる。牢屋では、子どもたちが乱暴に扱われ、拷問を受け、性的虐待を受けるどころか、殺されることさえある。そのような行為を行う警察官は、「道路を汚すような奴は少ないほうが良い」と考えている。

リオデジャネイロに住む貧しい人々の住宅事情

1	左のページの両方の話で、犯罪をする青少年が話題に上がっています。二つの話を比べ、共通点と異なる点を見つけましょう。
2	自分が少年裁判所の裁判官になり、二つの事件の判決を言い渡さなければならないと想像しましょう。 公判をロールプレイで演じましょう。下の絵はあなたがたがロールプレイで演じる役割を決めるのに役立ちます（104ページ「ロールプレイ」参照）。それぞれの「役割」を協力して準備しましょう。
3	言い渡される可能性のある刑罰を発表し、適切な刑罰を皆で決めましょう。

発達心理学によれば、子どもや青少年はある年齢に達してはじめて、どのような行為が法律に反しているかを判断できるようになるとともに、分別をもって行動できるようになります。そのような理由から、14歳未満の子どもは刑事責任を負うことがありません。

14歳から17歳の青少年には、少年法が適用されます。考えられる刑罰は、過ちの重大性によって異なります。教育的措置、懲罰手段、少年刑です。

3. 法律に違反するとどうなるの？

4．そもそもなぜルールがあるの？

> 学習方法：ロールプレイ
>
> 　ロールプレイでは、ある特定の状況でのほかの人の「役割」〔ロール〕や使命、考え方を引き受けることになります。その状況に関係する人（裁判官、検察官、弁護人など）の役割を分担することで、たとえば公判の様子を「演じる」〔プレイ〕ことができます。ある役割を引き受けた人は、自分が演じる人や役割と同じように行動しなければなりません。ロールプレイを行う人は、自分が演じる人が何を話し、何を行うのかを常に考えます。ロールプレイをうまく演じるために、役割を書いたカードを使うこともできます。ロールプレイを準備する際に、自分が演じる人のさまざまな行動パターンや考え方についてじっくり考えれば考えるほど、ロールプレイがよりうまく進みます。
>
> 　役割を引き受けなかった人は、批判的な聴衆として、同級生がそれぞれの役割をどのように演じているのかを観察します。聴衆が批判的なアドバイスを行うことによって、ロールプレイがより良いものになり、その役割を深く理解することにつながります。

1 友達に「カルビンボール」というスポーツを説明しましょう。

2 マンガに描かれた男の子カルビンとトラのホッブスと一緒に遊びたいかどうか、皆で考えましょう。
　なぜそのように考えたのかを説明しましょう。

3 マンガの続きを描きましょう。

> 　ルールと法律は、秩序のある共同生活を送る助けになります。ルールはわたしたちが注意を払い、ほかの人の反応を予想し、評価する手助けになります。
> 　けれども、一度取り決めたルールは自由を制限することになるので、ルールを守ることはつらいことでもあります。
> 　そうは言っても、すべてのプレーヤーが守るべきルールを作らなければ、ゲームを一緒に行うことはできないのです。

プロジェクト：実践哲学科の授業でのルールを作ろう

　実践哲学科の授業で本当に気持ちよくすごしたいのであれば、ルールを守らなければなりません。一人ひとりの参加者には、ほかの参加者から尊重されるというはっきりとした権利があります。

　参加者のやりたい放題が許されるとどうなるのかを想像しましょう。すぐに思い浮かぶことがあるでしょう。あなたがその時にやりたいことをやることがいつも許されるようになれば、隣の席の人やほかの人、教室の空間に、どのような影響があるでしょうか。

　授業ではどのようなルールを設けるべきなのかを考えてみましょう。

　その際、すべての教科に適用されるルールと、実践哲学科の授業で適用されるべきルールとを分けて考えるようにしましょう。

　もしかすると、宗教科の授業と共同でルールを作ることもできるかもしれません。

クラスや授業のルールを作るために、以下のホームページが参考になるでしょう。
http://vs-material.wegerer.at/diverses/Klassenregeln.pdf

❶ わたしたちのクラスのルール
❷ 誰もいじめられない
❸ 誰かを傷つけない
❹ 叫ばない
❺ 誰も無視されない
❻ 話をじっくり聞く
❼ やじを飛ばさない
❽ 誰も笑いものにされない
❾ 誰かを怒らせる
❿ 誰かを傷つける
⓫ 誰かを殴る
⓬ 人の話を聞かない
⓭ やじを飛ばす
⓮ 叫ぶ
⓯ 誰かを笑いものにする
⓰ ずるい人間になる
⓱ 無視する

1	はじめに個別に学習を進め、自分が重要だと思う8つのルールを考えましょう。
2	ペアになりましょう。自分が考えたルールをパートナーが考えたルールと比べてみたうえで、6つのルールを取り決めましょう。
3	パートナーとの話し合いの結果についてほかの二人グループと意見交換し、最も大切と考えるルールをいくつか選びましょう。
4	グループ同士で話し合った結果を、クラスの皆に発表しましょう。
5	実践哲学科での学習ルールを話し合いで決めましょう。ルールの数はできるだけ少なくしましょう。また、決めたルールは必ず守るようにしましょう。
6	実践哲学科での学習ルールを書いたポスターを作りましょう。

飢餓と極度の貧困を撲滅する

　2000年に国連は、飢餓と極度の貧困と闘うための8つの目標を定めました。それ以来、ラテン語の「ミレニアム」（1000年）という語にならって、次のようなミレニアム目標が述べられました。

　10億以上の人々が、一日あたり1アメリカドル以下で生計を立てなければならず、貧困にあえいでいます。8億人以上が、一日に最低必要な栄養価である1800キロカロリーを摂取することができず、飢餓に苦しんでいます。そのうちの3億人が子どもです。毎日約24,000人が飢餓または栄養失調で死んでいます。

　第一のミレニアム目標は、世界人口に占める貧者の割合を2015年までに半減させることです。同様に2015年までに、世界人口に占める飢餓に苦しむ人々の割合を半減することが目指されています。

　パン・ギムン国連事務総長〔当時〕は、2008年9月に次のように警鐘を鳴らしました。世界で飢餓に苦しむ人の数はさらに増加しています。報道によれば、「豊かな」国においても貧困が増大しており、貧困と裕福の格差はますます大きくなっています。

　貧困と飢餓に対する闘いに、わたしたちは敗北するのでしょうか？

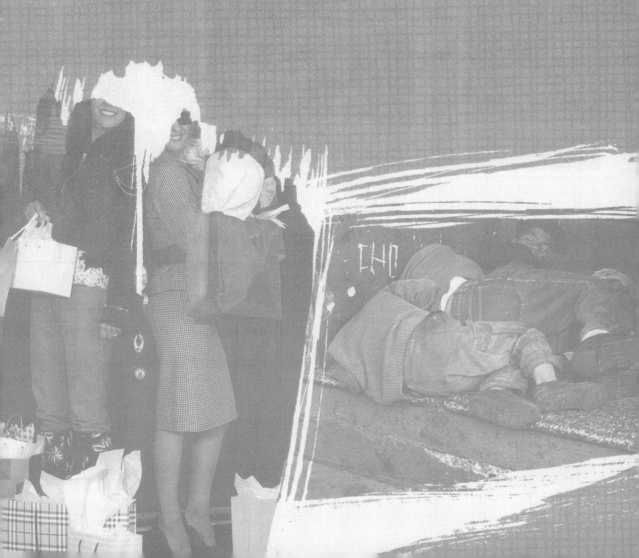

法律、国家、経済への問い

第6章 貧困とゆたかさ

「豊かになりたい人は、ミツバチを手本にするべきでしょう。ミツバチは、花を壊すことなく、ハチミツを集めます。それどころか、花の役に立っているのです。豊かさの源を壊さずに、豊かさを集めていけば、それはたえず増えていくでしょう」。

ブッダ『経典』より

国連が定めた8つのミレニアム目標

1. 飢餓と貧困の撲滅
2. すべての子どもへの初等教育
3. 男女平等化と女性のエンパワーメント
4. 子どもの死亡率の低下
5. 母親の健康の増進
6. エイズ、マラリアおよび他の病気の撲滅
7. 実効性のある環境保護
8. 開発に向けたグローバル・パートナーシップの構築

1. この見開きページの写真の状況を描写しましょう。貧困と富の表れ方はさまざまですが、それぞれの国や地域が、どのような貧困とゆたかさを抱えているか、考えましょう。

2. 掲載されている写真に関して、明らかにしたい疑問点を書き出しましょう。

3. 世界の飢餓と極度の貧困に対する闘いの現状をインターネットで調べましょう。
ドイツの状況に関する報道も集めましょう。

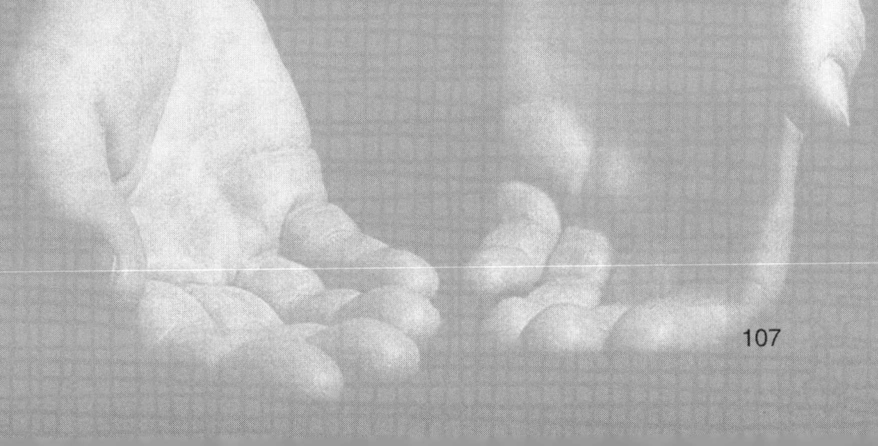

1．貧困——世界に対する挑戦

「スモーキーマウンテン」への訪問——カンボジアからの報告

　12歳の少女のサヴォンが滑って転ぶと、だぶだぶの靴の片方をなくし、ガラスの破片を踏んでしまった。サヴォンはプノンペンにある「スモーキーマウンテン」と呼ばれるゴミ山の上に立っている。鼻からは鼻水が垂れ、目からは涙が流れる。靴をふたたび履くと、煙の雲の中で両親を探す。ゴミ収集車が悪臭を発する積み荷をおろす。人の群れが積み荷に飛びかかり、手でゴミをかき回す。大人は、毒ガスから身を守るために覆面をしている。

　サヴォンは、一緒に働いている親の姿を必死に探している。結局、ゴミ収集車の後ろで両親を見つけた。両親は破けたゴミ袋の上で身をかがめ、空のペットボトル、ビール缶やスプーンを拾い上げ、すべてを空の袋に詰め込む。

　サヴォンはケガをした足を母親に見せる。しかし、母親はハエを追い払うかのようにして手を振り、娘を払いのける。サヴォンは失望し、ゾ・ファラを探してゴミ山のふもとへと足を引きずって下りる。サヴォンが門を押し開き、ゆっくりと庭を抜けていくと、ゴミ山の子どもたちのための学校（国際支援団体のプロジェクト）の前に唯一ある木陰で、サヴォンに勉強を教える46歳の女性教師が疲れ果てて座っていた。

　30年にわたる内戦が終結した1999年以降、カンボジアには平和が訪れた。この内戦は、東南アジアの最貧国の一つであった当時のクメール共和国に端を発した。カンボジア人の平均収入は、一年あたりで250アメリカドル（約190ユーロ）である。男性の5人に1人、女性の2人に1人が非識字者である。児童労働が広がっている。首都のプノンペンだけで約2万8000人の子どもが働いている。

ほかの人が出したゴミが、ゴミ捨て場の人の収入を保障している。

108　第6章　貧困とゆたかさ

（中略）ピンセットを使って注意深くガラスの破片を引き抜き、仕事で負った傷を洗う。「7歳の弟と二人の姉もここでゴミ山の子どもとして働いているの」とサヴォンは説明する。毎日12時間、少女は熱帯の暑さの中でゴミを分別する。週末も含めて毎日のことだ。スクラップ業者は、ゴミ山で働く人に対して、集めた物の代金として一日あたり5000リエル（換算すると約1ユーロ〔原文ママ〕）を支払う。ゴミ捨て場の子どもたちのための学校は、ゴミ処理場の敷地にある。1年半前からサヴォンは毎朝1時間仕事を中断し、ここへ来る。ゾ・ファラは、子どもたちを街の中にある学校に通わせたい。支援団体が学費を払おうとするのだが、サヴォンの両親はその提案に心を動かさなかった。サヴォンが授業に行ってしまうということは、家族の労働力が縮小することを意味するのだ。（中略）

エレン・キューラー『スモーキーマウンテンの子どもたち』（2009年）より

サヴォンは家族とカンボジアの首都プノンペンの周辺に位置する、水害の危険のある土地に住んでいる。家は、プラスチックの防水シートで覆われた小屋である。地盤が弱いため、この15平方メートルの住まいは支柱の上に建っている。

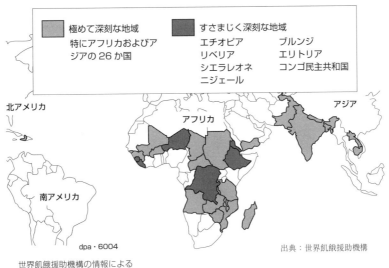

世界飢餓援助機構の情報による食糧事情に関する資料より

1	サヴォンの一日の流れについて話し合いしましょう。サヴォンの生活の状況、家族、将来の見直しについて、どのようなことがわかりますか？
2	サヴォンの家族の貧困の原因とはどのようなものか読み取りましょう。
3	カンボジアの経済状況は2009年以降にどのような発展を遂げてきたのかを確認しましょう。
4	サヴォンが働くゴミ捨て場で活動する支援団体の目的はどのようなものかを説明しましょう。

1．貧困——世界に対する挑戦

人権*としての飢餓からの保護

1976年、飢餓からの保護と十分な食糧を確保する権利を人権として定めた国際人権規約が発効しました。ドイツを含む160か国が、条約の内容を自国の法律に反映させていきました。つまり、誰一人として飢餓に苦しむことがないように配慮する義務があります（114ページ参照）。

22の主要先進国は、2007年に約1037億ドルを公共分野での開発支援に支出しました。しかし、支出額は2年目には減少しています。2015年までに自国の支出額を国民所得の0.7％までに増加させるという、裕福な国々が行った約束はほぼ達成不可能なのです。

OECD*による報告より

国際連合（UNO）の活動

第二次世界大戦終戦後の1945年6月に国際連合憲章が起草された時点で、貧困からの解放なしには世界の平和が実現しないと確信されていました。世界の広大な地域は、まだ植民地でした。そうした地域では、ヨーロッパの宗主国の支配の下で人々が生活していました。植民地が支配を受けないようになると、先進国との間に発展の相違が大きく見られるようになりました。

しかし、開発途上国における貧困および飢餓に立ち向かうための国際的な支援団体による努力はほとんど成功しませんでした。国によっては外国からの援助なしに状況を劇的に改善することができましたが、多くの国では貧困と裕福の差がますます拡大し、最も貧しい国では、貧困の状態から抜け出す方法を見つけ出すことができずにいます。国際連合による2000年のミレニアム目標の採択は、状況の打開を実現するための新たな試みとなりました。中間報告はあまり良い結果を示していませんが、ミレニアム目標を実行に移すためのさまざまなプロジェクトが世界中で進行しています。

貧困の低減に向けたプロジェクト

〈ブルキナファソ（西アフリカ）にある街コングシ〉

ブルキナファソは世界で2番目に貧しい国です。ほとんどの住民が、自分で栽培した作物を食べることで生きています。しかし、コングシの街は石だらけの土地であることから、植物はほとんど育ちません。加えて、かんばつもよく起きます。増加している住民すべてを養うだけの十分な収穫はありません。それゆえ、多くの男性は、仕事を見つけるためにほかの都市へ移り住んで

います。妻は残り、子どもたちは学校へ行くことができず、畑で働かなければなりません。しかし、学校教育を受けないことには、貧困の悪循環から抜け出すことはできないのです。

村の住民とともに、現在は収穫量を増やすための栽培方法と給水が改善されました。子どもたちは、就学促進のための援助を受けています。

ミレニアム目標の実現のため、ドイツ世界飢餓援助機構(die deutsche Welthungerhilfe)は、アジア、アフリカおよびラテンアメリカの15の村でプロジェクトに取り組んでいます。アフリカにおける二つの事例(110ページの下部およびこのページ)を参照しましょう。

世界飢餓援助機構
ミレニアム村に関する最新の情報は、インターネットで入手できます。
www.welthungerhilfe.de

自立に向けた支援

「本当に助けることができる唯一の方法があります。世界飢餓援助機構は、尊厳を持ち、自ら生計を立て、自らに対して責任を負うことができる機会を提供しています」。ホルスト・リヒター(テレビで活躍するシェフ)

マダガスカル(東アフリカ)の村アノシケリー

島国であるマダガスカルは、世界の最貧国の一つです。アノシケリーの村は、土地が砂で覆われており、作物はほとんど実りません。また、村の井戸も汚染されています。わずかな収穫量と不潔な水は、栄養失調と多くの病気をもたらします。たくさんの乳児と幼児が死にました。現在、栄養、水、健康および教育の分野で発展が目指されています。新しい種類の種子と苗木を用いることによって、問題に直面している人々の栄養状態が改善されました。清潔な飲料水へのアクセスによって病気の発生数が減少しました。その地域の助産師がさらに研修を受けたことで、女性と乳児をより効果的に世話をすることができるようになりました。大きな発展は、読み書きの教育でも現れています。より多くの子どもが学校へ通うようになったのです。

1 貧困からの解放なしには平和が実現しない理由はなぜなのかを考え、議論しましょう。

2 ミレニアム村の事例にみられる世界飢餓援助機構の活動方法を説明しましょう。ミレニアム村でのプロジェクトでは、8つのミレニアム目標のどれを特に追求しているでしょうか?異なる取り組みがどのようにして相互に作用するのかを説明しましょう。そのあとで、いくつかの村の状況を紹介したポスターを作りましょう。

貧困や飢餓に対する闘いは、国際連合と各国の国際機関が取り組む重要な課題となっています。そうした機関の活動に、国際的に活動する支援団体の多くが協力しています。しかし、貧困を効果的に縮小することにはこれまで成功していません。裕福な国だけでなく、貧しい国の影響力を持つ統治者や一族も、責務を十分に果たしてきませんでした。ただし、一つひとつのプロジェクトからは、自立に向けた効果的な支援とはどうあるべきかがわかってきています。

1. 貧困——世界に対する挑戦

2. すぐそばにある貧困

〈フランスの場合〉

2006年パリに設置されたテントが、路上生活者を凍死から守り、路上生活者の状況に世間の目を向けさせるきっかけになったといわれています。フランスの政治家であるニコラ・サルコジは、自分が大統領になったら、誰一人として死なせないと約束しました。しかし、サルコジが大統領になった2007年から2008年の間に、路上で死亡した路上生活者の数は232人から340人に増加しました。パリで最大の路上生活者保護施設は、スペースが足りなくなったため、毎晩来る人を追い返さなければなりませんでした。

ベルナールは、居場所を手に入れた一人です。ベルナールはかつて開発協力者としてアフリカの農民にかんがい技術を教えたと言います。しかし、今日、ベルナールは住まいを持つことができず、4台の二段ベッドがある共同寝室で寝ているのです。

ドイツの貧困：都市部の場合

これも貧困？〈ドイツの場合〉

アレクサンドラ・シュレーダーのジーンズは、はき古されたものとすぐにわかる。すり切れた尻当ての部分には、自転車のサドルの形が残っているが、その理由は、日常を乗り切るためによく自転車を使うからだ。たった今アレクサンドラは、まだ小さかった娘たちを週末の旅行や幼稚園に連れて行くために数年前に1500マルク〔ドイツの旧通貨。1ユーロは約1.96マルク〕もの大金で手に入れたサイクルトレーラーを自転車で引っ張り、家に帰ろうとしている。アイリーンとミュリエルは、現在12歳と8歳である。サイクルトレーラーは、母親が離婚後に車なしで生活しなければならなくなった現在、1週間分の買い物をする時に使われており、満杯につまれている。

アレクサンドラ・シュレーダーは、ツェレの街外れで1時間半にわたる買い物を成し遂げた。買い物リストは細かく書かれている。裏側には、この先5日間に彼女が作ろうとしている料理のレシピがメモされている。表側は、必要な物の内訳が書かれたリストになっており、左側に食料品、右上に衛生用品、右下にその他のさまざまな物といった具合である。

「余分なものをのぞいて正味量を」このスローガンは、スローガンに書かれた言葉と同じ「ネットー」という名前のディスカウントストアの陳列棚の上で揺れ動いている。アレクサンドラ・シュレーダーは、このスローガンが大好きだ。お金の無い人にやさしい向こう側のチェーン店でも計画的に買い物する。

アレクサンドラ・シュレーダーにとって休暇は重要だ。この夏に祖母とともに2週間過ごすブルガリアでの休暇の費用として、3年間で1700ユーロを貯金してきた。

　アレクサンドラにとって休暇よりも大切なことは、娘たちが我慢ばかりせずにすむことである。あらゆるものを娘に与えている。簡素であり、真新しい物ではないものの、DVDプレーヤー、パソコン、デジタルカメラを与えた。長女は月36ユーロかかる乗馬を習えるし、次女は3か月ごとに30ユーロかかるジャズダンスを習うつもりだが、その費用をまかなえる見込みである。なぜなら、所属するスポーツ協会の月会費はわずか3ユーロであり、娘たちも母親同様に節約を心がけることを学んでいるからである。次女は携帯電話を持っておらず、長女はギムナジウムに入学して初めて携帯電話を持つようになった。彼女は、20ユーロのプリペイドカードで、10月から7月までやりくりしている。

ヴォルフガング・ゲールマン『限界ぎりぎりで』（2008年）より

　ドイツでは、世帯の純所得が同等世帯の平均所得の50％以下の場合、その世帯は貧困と見なされています。

（単位：ユーロ）

家計簿　シュレーダー家

5月	収入と支出の種類	収入	支出
		400.00	
	失業手当	301.00	
	住宅手当	308.00	
	子ども手当	483.00	
	養育費		744.00
			284.00
	住居（諸雑費込み）		12.00
	食料品		58.00
	嗜好品		242.00
	郵便／電話／インターネット		16.00
	娯楽／教育		
	交通費（自転車）		

1 フランスとドイツでの貧困の例を説明しましょう。

2 シュレーダー家の状況をその前の箇所で紹介されている例と比較しましょう。どのような違いがありますか？

3 どの問題をシュレーダー家は解決しなければならないでしょうか？　どうしてシュレーダーさんはそのような状況に陥ったのでしょうか？

4 シュレーダーさんの家計のやりくりについて分析しましょう。どこに重点を置いていますか？　家計をやりくりする別の方法はあるでしょうか？　母親を誇りに思う二人の娘の間で交わされる、家計費の分配についての会話を演じましょう。

5 シュレーダー家は「貧困」なのでしょうか？　賛成意見と反対意見を集めましょう。

2．すぐそばにある貧困

増加する子どもの貧困

ドイツでは、貧しい人と裕福な人との差がますます開きつつあります。収入の不平等と貧困——まさに子どもの貧困も含めて——は、この数年間に、他の国と比べてより著しく増大しています。2005年、貧困ラインを下回る水準で生活しているドイツの人は、全人口の約11％でした。貧困にみまわれる一人親と子どもたちの割合が平均以上であるのに対し、年金生活者では平均以下でした。

OECD* による調査（2008年）より

貧困が教育にブレーキをかける

親の月収が低いことが、子どもの貧困の唯一の原因とは限りません。重要なのは、子どもたちのもとに何が届くかです。物質的な貧困（お金が無いこと）のほかに、国家的な困窮（質の悪い学校）、精神的な貧困（文化的な生活への不参加）、社会的な貧困（友人がいないこと）、感情的な貧困（愛が無いこと）、放置（注意を向けられないこと）、不適切な栄養摂取（粗末な食事）や孤独な生活（人とまったく接触しないこと）があります。これらの貧困の要因すべてが、学校生活での成功に不利に働くのです。

教科横断的学習（政治の学習と関連）：国家の義務

ドイツ連邦共和国の最高法規は、1949年に議決された基本法です。基本法の条項は、わたしたちの国の規則とわたしたちの共同生活のための基本的なルールを定めています。ほかのあらゆる法律は、基本法と矛盾してはならず、基本法の原則に従っていなければならないのです。

第1条は、「人間の尊厳は不可侵である」と定めています。すなわち、基本法はわたしたちの国が福祉国家でもあることを定めているのです。福祉国家は、社会の公平のために尽くし、国民の生存の基盤を保障しなければなりません。

こうした目標設定によって、人々の平和な共同生活のための基盤が生まれるのです。危機的な状況から救い出すための措置を講じることなしに、どのようにして世界の平和が保障されるのでしょうか。危機にある人が救い出されなければ、わたしたちの国で社会の平和が成り立つことはありません。

社会と経済をめぐる環境は、絶え間なく変化しているので、具体的にどのような結果が生じるのかについては、再三の議論が行われています。

・福祉国家がどのような課題を抱えているのか述べましょう。
・福祉国家の構想の背景には、どのような根拠と動機が隠れているのかを考えましょう。

> **学習方法：討論を行おう**
> あるテーマを扱う場合に、意見が対立する可能性があるということは、はっきりしています。主張の根拠をより適切に判断し、自身の立場を明らかにするために、討論が役に立ちます。
> ①討論のテーマと互いに対立する立場が明らかにされる。ある立場に「肩入れ」するグループを二つ作る。それぞれのグループに交互に発言権を与える司会者を決める。
> ②所定の時間が経過したら、重要な根拠を記録した議事録などを基に発言内容が評価される。この根拠に基づいて、自分の立場を根拠づけて説明することができる。

人間の尊厳にはどのくらいのコストがかかる？

ドイツでは、仕事を見つけられないなどの理由で、必要最低限のお金を稼げない場合は、国による援助を受けることができます。前提となるのは、その人が財産（たとえば預金、持ち家）を持たず、家族による援助を受けられないことです。2009年6月まで、毎月の援助額は351ユーロでした。住居と暖房のために、追加手当が支払われます。

援助を受ける人は、公共施設や各種団体での労働が義務づけられ、報酬として一日あたり1ユーロが支払われます。労働を拒否する人は、国からの援助の縮小を覚悟しなければなりません。

国による給付の条件と援助額については、数年前から議論が続けられてきました。援助額の引き上げが主張される一方、引き下げを求める人もいます。二人の学者が、月額の援助額を132ユーロに引き下げ、特にアルコールとニコチンにかかわる支出予算をカットすべきだと主張し、2008年に注目を集めました。その学者たちに対しても、援助される人の「人間の尊厳」とはどうあるべきかが問われています。

1 シュレーダー家は、さまざまなところから財源を捻出しています（112〜113ページを参照）。福祉国家がどのように役割を果たしているのかを確かめましょう。

2 貧しい子どもたちが貧困から抜け出すためには、福祉国家だけでなく、どのような人が必要か、そしてどんなことが役立つのかを列挙しましょう。

3 討論を行いましょう。アルコールおよびニコチンの購入資金を支給することは、人間の尊厳の保障の一部なのでしょうか。

支援金351ユーロの内訳（2009年7月以降：359ユーロ）
食料品／嗜好品：　137.72ユーロ
　（うち、アルコール：7.62ユーロ、タバコ6.34ユーロ）
外食：　8.30ユーロ
衣服／靴：　34.80ユーロ
住居／光熱費：　25.08ユーロ
健康管理：　12.82ユーロ
交通費：　15.97ユーロ
電話／郵便／インターネット：　30.83ユーロ
余暇／娯楽／文化：　39.80ユーロ
教育：　−
その他：　27.23ユーロ

> ドイツのような経済的に豊かな国でも、貧困は存在します。福祉国家の目的によれば、貧しい人はさらに悲惨な状態に陥ることのないよう、保護されなければなりません。援助金の給付は、困窮を軽減させるだけではなく、当事者が自立するための励みともなるのです。

3．福祉を義務づけるべきか？

利益を分け合う
ミゼレオール〔1958年に設立されたドイツのカトリック教会による第三世界支援組織〕

瞑想の布——50年「世界のためのパン」

基本法が示す答え

基本法によれば、この見開きページのテーマが掲げる問いへの答えは、「イエス」です。第14条は所有権および相続権を保障している一方で、第2文は「所有権には義務が伴う。その行使は、公共の福祉に役立たなければならない」と定めています。つまり、財産は個々人の利益のためだけに存在するのではなく、人間全体のためにも存在しているのです。収入も資産も少ない人に比べて、収入が高く資産も多い裕福な人がより高い税金を課されることによって、正当化が行われます（同等規模の世帯の平均収入より収入が多い人は、裕福とみなされます）。このようにして、福祉国家は、格差を均一化する働きをすることができるのです。福祉国家は、貧しい人に社会扶助を給付し援助するための資金を作り出しています。法律の枠を超えて国家が定める義務というのは存在しません。一人ひとりが自身の財産を増やすこともできれば、自身の「富」を使って、何かを始めることを自分自身で決められるのです。

さまざまな宗教にみる喜捨

「喜捨」（Almosen）という言葉は、元はギリシア語で、「あわれみ」や「慈善」という意味です。喜捨をする寄贈者は、お返しを期待することなしに、困っている人に施し物を贈ります。ギリシア人の宗教行事では、神へのささげ物の一部が飲食のために提供され、困っている人の助けとなりました。ユダヤ教、キリスト教、イスラームにおいても、その起源から喜捨の考えが認められてきました。ムスリムにとっては、喜捨はイスラームの5つの柱の一つなのです。

分け合う

新しい友人とお酒を飲んでいるとしましょう。「もしテレビを5台持っていたら、1台くれないか？」―「もちろん」。―「もし車を5台持っていたら、1台くれないか？」―「もちろん」。―「もしシャツを5枚持っていたら、1枚くれないか？」―聞かれた人は、首を横に振りました。「なぜダメなの？」―「シャツならじっさいに5枚持っているからだよ」。

ヴィリ・ホフズマーによる物語より

116　第6章　貧困とゆたかさ

喜捨はアッラーが定めた義務の一つであり、貧しい人を助ける行為です。同時に、ムスリムは、現世の財産に心を奪われるのではなく、神に対して心を開くことを学びます。この考えは、ユダヤ教徒やキリスト教徒にも同様に当てはまります。

イスラームにおける喜捨（ザカート）
「喜捨の対象は、貧しい者と困っている人々、喜捨の世話をしている人々、愛を得ている人々、捕虜や負い目のある者のみである…」。

『コーラン』（スーラ　9章60節）より

ユダヤ教における喜捨　「もし兄弟の一人が貧しいのならば、非情になるべきではなく、また貧しい兄弟に対して手を閉じるべきではなく、手を開いて、彼が必要としている物を与えるべきである」。

『旧約聖書』（申命記　15章7節以降）より

キリスト教における喜捨　ユダヤ教およびキリスト教の隣人愛のおきてには、慈善行為も含まれています。しかし、自らの行為を報告することはせずに、施し物は目立たないように贈るべきです。聖書のいくつかの節では、隣人愛のおきてを破った場合に罰を受けるとはっきり描かれています。イエスは金持ちの男と貧しいラザロのたとえ話で、貧しく病気にかかったラザロの世話をしなかった金持ちは、死後にひどい苦しみを受けるだろうと話しました。かつては、このような物語は、金持ちのキリスト教徒にとって、貧しい人のための基金設立を促す動機となっていました。

マタイによる福音書　6章1-4節／ルカによる福音書　16章19-31節／第10章：さまざまな宗教の生活と祭り

今日の教会は、キリスト教徒の義務である隣人愛を、その人の信条にかかわらず、すべての人に与えようとしている。それゆえ教会は、世界中で隣人愛の考えを行動に移すための組織を設立した。

貧困をなくさなければならない
——福祉は義務づけられている

神の似姿として、人間はみな同じである。命の尊厳と価値は、神からの贈り物である。貧困はこの尊厳を傷つけることはできず、また豊かさが尊厳に与える物は何一つない。しかし、人間の尊厳を無視するような生活状況や、豊かさに対する誤った信頼が存在している。我々はともに神から命じられており、互いのために責任を負っている。人を共同生活から排除し、参加を拒むことは、神の前での罪なのである。わたしたちの国が公平であり、国の豊かさをすべての人の幸せのために役立てられると神は信じている。

ドイツ・プロテスタント教会の決議（2006年）より

1. 幸福の実現を義務づけた基本法の条文と、プロテスタント教会の決議とを比べてみましょう。何が同じで、何が異なっていますか？　それぞれは、個々の人間にとってどのような結果をもたらすでしょうか？
2. キリスト教の慈善団体について調べましょう。また、そうした団体が行うプロジェクトを紹介しましょう。
3. 自分が住む街（地域）で行われている支援活動について調べましょう。

社会のなかで個人の財産は保護される一方で、公共の福祉も義務づけられています。現代の福祉国家では、法律によって、貧困と裕福の格差についてある程度の調整が行われています。さまざまな宗教では、貧しい人に対して裕福な人が行うべき義務の考えがより明確に打ち出されています。それゆえ、貧困に対する闘いには、宗教団体がより積極的に携わっています。

4.「食卓」──貧しい人への食糧支援

「食卓」
しかるべきところにある食事

「板」という言葉を聞くと、教室にある黒板の板を思い浮かべるでしょう。しかし、「板」という言葉は、食事が並べられたテーブルの板を表すのにも用いられます。このことから、この言葉はドイツ全土で貧しい人のための食糧の寄付を集め、分配する支援団体の「食卓」という名称になっています。最初の「食卓」は1993年にベルリンで創設されました。以後、団体の数は800以上にまで増え、この数は、ドイツで貧困が拡大していることも意味しています。寄付された食糧を分配するばかりでなく、昼時に温かい食事をとる機会を提供する「食卓」もあります。4万人以上のボランティアが、ドイツにおける「食卓」のプロジェクトに参加しています。このボランティアは、100万人分の食糧を定期的に援助しています。

ドイツにおける800番目の「食卓」

ラティンゲンにある支援団体「食卓」は、1年以上の準備期間を経て、寄付された食糧の配給を秋に始めました。時のたつうちに、数百人の経済的に不利な立場に置かれた市民が支援を受けるようになりました。この「食卓」を運営しているのは、カトリックの女性教徒による社会奉仕団体と、ラティンゲンのプロテスタント教会の社会奉仕活動です。
2009年1月13日付報道発表より

ドイツでの食糧不足

推計によると、ドイツでは500万人から600万人が（収入）不足の状態で生活しています。生存する上での基本的な要求を満たすためには、収入が欠かせません。切り詰めた家計では、食費だけが大幅に節減されています。家計の収入が低い場合、一定の食糧を購入することをあきらめなければならないのです。

そうした人の多くは、一日あたり4～5ユーロで生活し、そのお金で朝食、昼食、夕食のすべてをまかなわなければなりません。貧しい人にとっては、世間では通常の食事と見なされている食事ですら贅沢なのです。

肉料理はたいていあきらめなければなりません。新鮮な果物は通常、夏の間は高すぎ、牛乳のような基本的な食料品ですら贅沢品ということさえあるのです。

特に月末の 10 日間は、バランスのとれた食糧を確保することが、貧しい人にとってかなり難しくなります。その悪影響は、はっきりと現れます。空腹が増し、栄養状態は悪く、食糧を得るよりもアルコールやタバコ、麻薬といった嗜好品に手を出す割合が大きくなるのです。ほとんどの社会扶助受給者は、さまざまな物をあきらめることによって、月末まで耐え通すことに成功します。しかし多くの人は成功せず、支援に頼らざるを得なくなったり、飢えたりするのです。

「食卓」ドイツ連邦連盟による報告

プロジェクト 1：支援団体「食卓」への訪問

　ドイツに存在する支援団体「食卓」の 90 パーセント以上が、「食卓」ドイツ連邦連盟によって組織化されています。ホームページ（http://www.tafel.de）では、検索機能付きのリストを見ることができます。自分の町や学校の近くに「食卓」があるかどうかを、確かめることができます。役所でも詳しい情報を入手できます。

・近隣にある「食卓」について調べ、最初の情報を入手しましょう。そして、支援団体「食卓」とコンタクトを取り、インタビューや訪問の日程を決めましょう。
・支援団体「食卓」の代表をクラスに招待するか、または「食卓」を訪問するか、いずれかの計画を立てましょう。ボランティアへのインタビューを行いましょう。「食卓」から食糧を受け取っている人へのインタビューが可能かどうかも聞きましょう。
・情報を得たお返しとして、自分たちも何かを寄付したり、ボランティアで一緒に働いたり、何か実際に行動をすることで、支援を受けている人を勇気づけることができないか、調べましょう。
・支援団体「食卓」への訪問をどのように発表できるかを考えましょう。学校で展示会を開いたり、学校新聞で記事を書いたりすることができます。

プロジェクト 2：希望を記したノートの作成

　いつも悪いニュースばかり聞いていませんか？　そのまま、長い間うなだれた状態になってしまっているかもしれません。より良い境遇への希望を翌日に延ばす必要は無いのですから、不愉快な状態に対して、何かをすることができます。今ある希望の手がかりを探してみましょう。

・日記を書いたり、身近でうまくいっていることを写した写真を集めたりしてみましょう。
・再び職を得たり、路上生活者が炊き出しを手伝ったりするニュースがあれば、書きとめましょう。
・新聞を読んで、良いニュースを切り抜きましょう。
・自分の人生の夢を書きましょう。

　希望と夢は決してむなしいものではありません。それらは何かを変えるための力を与えてくれるのです。良い生活とは何でしょう？　あなたは人生で何を達成したいのでしょうか？　あなたにとって本当に重要なことは何でしょうか？　希望のノートは、始まりの一歩となるのです。

【図書案内】
クルト・ヘルト『赤毛のゾラ　映画リメイク版の写真付き原作』（デュッセルドルフ、パトモス出版、2007 年）（貧しい子どもたちによる毎日の食糧を得るための緊張に満ちた闘いを描いた特別版）

自然、文化、技術への問い

第7章　自然とともにある生命
──ともに生きる動物

水は生命のよりどころとなる、自然の基盤です。

動物と人間は、水から生まれたことがわかっています。いろいろな形で、水に依存しています。水の脅威にさらされることもあります。

人間は昔から、神話や宗教的伝承によって、水の特別な意味を語り継いできました。神話や伝承では、わたしたちも世界も、一つの大きなかかわりの中に組み込まれていることが、明らかにされています。

わたしたちはいったい、自然とどのようにかかわっているのでしょうか？

▶ 168〜173ページ：神話は語る
──世界と人間はどこから来たの？

1.「水がなければ、何も始まらない」

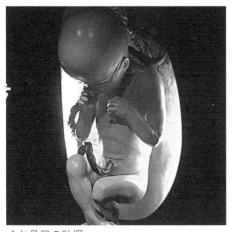

4か月目の胎児

「水の楽園」

あらゆる哺乳類と同じように、人間も人生のはじめの段階を水の中で過ごします。最初は胎芽として、その後は胎児として、お母さんの羊水の中で過ごします。ですから生まれる時、人間は水から出てきます。意識しないだけで、もしかしたら、その「水の楽園」を覚えている人がいるかもしれません。重さを感じずに水に浮かんだり、気持ちよく水に潜ったりしていた時のことを。羊水の湖の中は、いったいどんな風だったのでしょう？

水の中の魚みたいに…

　とても小さなわたしは、気持ちよく、安心して、やわらかく温かい水の中に寝ています。その水の中では、好きな時に寝たり、気楽に泳いだり、とんぼ返りができます。わたしとまわりの壁を結ぶひもは、規則正しく鼓動し、やわらかい波になって、信頼感と安心感を与えてくれます。

　時々、まわりに浮かんでいるものを触ったり、味わったりしてみました。うとうと寝ていない時は、わくわくしながら、耳を澄ませて遠くの物音を聞いたりもしました。

　ところが、静かなくつろぎの時間は突然終わってしまいました。遠く、外の方で、不思議な音がします。

　その音がどこから来るのか、わかりません。わたしは混乱して、激しく、何度も自分の部屋の壁にぶつかりました。すると、小さな、優しい声が耳に届きます。

　「怖がらないで。今あなたに聴こえたのは、超音波よ。でもまず、自己紹介させてね。わたしは、あなたの、あたたかくて、やわらかな湖よ。あなたを守り養う沢山の 雫 からできているの…」。

> 教科横断的学習（生物の学習と関連）：羊水
> 　羊水は常に新しくなり、胎児が飲み、排せつする液体です。羊水は、胃腸管、呼吸器や肌が受け入れたすべてのものと混ざります。発達の最後の段階では、約50mlだった羊水は、1500mlになり、色も最初は透明だったものが、しだいに乳色・黄色っぽくなります。羊水は衝撃を和らげます。そして空気よりも音を伝達するので、胎児は母親の周りの音を聞くことができるのです。
> ・羊水について他に知っていることを、書き出してみましょう。羊水はどこからくるのか、何のためにあるのか、赤ちゃんが生まれた時、羊水はどうなるのか、など。
> ・どうして羊水はいつも「楽園のよう」と表現されるのか、みんなで考え、話し合ってみましょう。

水から生まれた

　ギリシアの自然哲学者タレスは、すべては水から生まれたと考えました。タレスから、西洋哲学は始まりました。タレスは「すべてのものに共通する自然の根源があり、それは水である」と言いました。夏と冬、咲くことと枯れること、生と死、一つひとつの事象の変化の裏には、永遠に変わらない、すべてのものに共通する自然の根源があります。タレスは、この自然の根源はある時発生したのではなく、ずっと存在し続けているのだと信じていました。タレスはまた、大地は水の上に浮かんでいると信じていて、地震が発生するのは、水の上の大地が波に揺られるからだと説明しました。

タレス（紀元前約624〜546年）

1 （左のページの）羊水の物語の続きを考えてみましょう。その際、羊水について得た知識も活用して、物語の続きを書いてみましょう。

2 水に関する経験を発表してみましょう。たとえば幸福感、心地よさ、不安などの感情が挙げられるでしょう。

3 普段の生活で、水はどのような役割を果たしていますか？

> 　羊水の例からもわかるように、水は一人ひとりの人間の発達のために必要不可欠なものです。水はまた、人間全体にとっても、欠かすことのできない「命の糧」です。羊水の「兄弟」として、雨、川、湖、海があります。
> 　水は、命の物語の中の主役です。水は命を保ち、また毎日の生活の中でも色々役立っています。水はわたしたちをリラックスさせてくれます。自然の中でも、芸術作品の中でも、水の美しさはわたしたちを楽しませてくれます。

1.「水がなければ、何も始まらない」

2．水を体験する——水を使う

中世の屋外トイレ。まだ定期的に汚物処理がされていませんでした。
（フランス絵画、14世紀）

水道から水（が出なかったら）

厳しい夏の暑さ。ペットや部屋の植物、そしてあなた自身も喉がカラカラで、元気がなく、リフレッシュできる何かを求めています。そんな時、ちょっと台所やお風呂場に行き、ちょこっと蛇口を回す。そうすれば、すぐに新しくてきれいな水が水道から出てきます。水は、いくらでも、いつまでも、あなたが欲しいだけ出てきます。わたしたちにとって水は、毎日の生活で、当然のようにあるものです。ただ、蛇口をひねれば出てくるのですから。ボタンを一押しすればトイレの水は流れ、排泄物は処理されます。何か問題があるのでしょうか？　どうして「水を使うこと」について考えるべきなのでしょうか？　もしかしたら、家の近所で水道管の工事があり、数時間水が止まったことがあるかもしれません。だとしたら、もう知っているでしょう。断水の時間をしのぐため、家の中で色々準備しなければならなかったことを。

もしかしたら、たった数時間の断水を、不快な非常事態と感じたかもしれません。

でも、想像してみてください。もしも何週間、または何か月も水が蛇口から出てこなかったとしたら。

これが、世界の多くの地域の状況なのです。上水道が整備されていて、蛇口から清潔な水が出てくることや、下水道が整備されていて、汚物が処理されることは、当たり前ではないのです。地球上の約12億人の人たち（これは、全世界の人口の約20％に当たります）は、信頼できる飲料水も、下水も無い状況です。たった一回トイレを流す時に使う水は、貧しい国の人が1日で使える水の量と同じなのです。

少し前まではわたしたちのところでも、そして世界中のいたるところでは現在も、新鮮な水の供給や、古い水の処理・浄化はできていません。

> **学習方法：思考の実験**[*]
> 　当然のように思えることは、本当にそうなのでしょうか？　あれこれ予想したことは、当たっているでしょうか？　起こりえることだけれど、でも実際には起こらない。頭の中でそういう何かを仮定し、考えることで、少し答えに近づくことができます。思考の実験は、「○○と仮定してみましょう」とか「△△と想像してみましょう」とか「もし□□だったとしたら…」というフレーズではじまります。自然科学の実験と違って、思考の実験はすべて頭の中で行われます。けれども、思考の実験の場合も、目的は自然科学の実験と同じです。その目的とは、頭の中で実験を行って、（新しい）結果を得ることなのです。

水は大切なもの：世界の知恵

「自分の住む池の水を、飲み干す蛙（かえる）はいない」
　　　　　　　　　　インカのことわざ

「こぼれた水は、瓶（びん）に戻らない」
　　　　　　　　　　ケニアのことわざ

「水が終わるところで、世界も終わる」
　　　　　　　　　　ウズベキスタンのことわざ

　　　貧しい国では、女性や子どもが水を運びます。アフリカのある地域では、20リットルの水を得るために、女性が20キロも歩かなければなりません。

1　調べてみましょう。水は蛇口から出てくる前、どこから来るのでしょう？　あらかじめ「浄水」にする必要がありますか？　住んでいるところに、水源、川、水保護地区がありますか？

2　あなたの家族は毎日、何のために、どれくらい水を使いますか？（使った水を正確に知るためには、水道管のメーターを見てみましょう！）。あなたがたの水の使用量は、平均使用量と同じですか？（一人あたり、ドイツの場合1日約130リットル）

3　「水道管から水が出てこなかったら…」と想像してみましょう。
　・水がなかったら、どうなりますか？
　・対策として、どんなことができますか？（その際、あなたの近所の人も、同じ状況だと思ってください。つまり、近所の人に水を分けてもらうことはできません！）
　・必要な水を手に入れるには、バケツ何杯分水を運ばなければなりませんか？　そしてどこから？
　・どうすれば水を節約できますか？

> 　どうして人間は水に敬意を払うべきなのでしょうか。理由は十分あります。水はとても多様です。自然は、水無しでは存在できません。人間もまた、同じです。すべての生き物は、水に依存しています。〔上記の〕ことわざが示すように、世界中のたくさんの人が、命の糧である水の価値を認め、責任ある水資源の使い方を願っています。2050年には、全人口の四分の一の人々の国で、水が不足するそうです。清潔な水は将来、金や石油や天然ガスよりももっと価値のある、人が争って求める資源になるでしょう。

3. 水——恵みか 災いか？

古い水車（ドイツ）

きっとあなたは滝を見たことがあり、音を聞いたりさわったりしたことがあるでしょう。水の力はすごいと思いませんか？ 人はこの水の力を、ずっと昔から知っていました。そしてその力を使ってきました。たとえば畑に水をやるための水車は、すでに古代エジプトにもありました。水車が石臼を回し、穀物を挽きました。今日では水を溜め、発電ダムのタービンを回して電気をつくります。風力にならんで、水力は主力の再生可能エネルギーです。

> **教科横断的学習（地理の学習と関連）：エジプト——ナイルの国**
> エジプトは、北アフリカにある大きな国です。この国に世界で一番長い川、ナイル川が流れています。ナイル川の左右には、肥沃な土地があります。そしてその他の場所は砂漠です。ですから、豊かな土地はナイル川からの贈り物なのです。
> ・地図帳を見て、エジプトの場所を確認しましょう。ナイル川の形は、植物のようですね。
> ・ナイルの国、エジプトの「水」と「かんがい」について、これまでに何が変化したのか調べてみましょう。

生きるために必要な水

古代エジプト文明*は、洪水なしには決して発達しなかったことでしょう。エジプトでは今でもほとんど雨が降りません。毎年の洪水がなかったら、国全体はただの砂漠だったことでしょう。何千年もの間、ほとんどいつも7月15日からナイル川の水面が上がりはじめ、10月までの間、川の水が泥のかたまりと一緒にナイル川の両側へ広がっていきます。すでに紀元前に、史官のパイ・ベス（PAI-BES）はこう書いています。

「用水路には魚が溢れ、湖には鳥が群れている。土地は緑にうるおい、岸にはナツメヤシが実っている。大きな穀物倉庫は小麦と大麦でいっぱいだ。にんにく、小麦、野菜、果物、それにワインもハチミツもある。（中略）ここに住む人々は、一般の人でさえ、世界の他の地域の権力者よりもずっと良い生活をしている」。

豊かなナイル川の岸辺にて（エジプト人）

破壊的な水

洪水は他の国にもあります。その場合、良いことばかりではありません。むしろ逆に、病気、破壊、飢饉などの惨状、そして死をもたらします。つまり、水は災いになることもあるのです。そして、たくさんの人が助けを必要とします。

モザンビーク：洪水のために、いつも数百万の人の生活が脅かされています。

洪水はドイツにもあります。

1 近年の洪水災害では、何が思い浮かびますか？ どの国に被害があったか調べてみましょう。

2 さまざまな国の洪水災害の規模を比べてみましょう。どんな違いがありますか？ それらの災害が発生した原因は、人間にもありますか？ あるとしたら、どの部分が人間によって引き起こされたのでしょうか？ 調べてみましょう。

3 そのような自然災害で活躍する、支援団体を知っていますか？ どんな団体を知っていますか？

4 人間は、自然災害から100％身を守ることはできません。津波*災害の例を考えてみましょう。果たして、そしてどうやって人は身を守ることができるでしょうか。

> 水は貴重で、生きるために必要なものです。豊かな土地をつくるためにも必要です。しかしこの自然資源は、脅威にもなります。その時は人間だけでなく、他の生き物にも危険が及びます。あらかじめその危険性に気づき、対応することもできます。水には国境がありません。国境は水を止めることはできません。ですから世界の人々が一緒に、責任を負わなくてはならないのです。

4．さまざまな宗教と水

聖書の例
　人間、動物、植物。みんな生きるために水が必要です。そのほかにも、毎日水で体をきれいにします。シャワーを浴びたり、手を洗ったり、歯を磨いたり、泳ぎに行ったり。水が何かのシンボル*でもあると言ったら、驚くでしょうか？　さまざまな宗教では、水が人間の内側を「清める」こと、新しい人生への移行を意味します。しかし水は、破壊や死も意味します。一番有名な例は、旧約聖書*にあります。そこにはノアの物語が書かれています。船のような箱（箱舟）と洪水災害（ノアの洪水*）の話です。

ノアのはこぶね
　人は全世界に広がっていました。けれども人は良いことをしようとしませんでした。人が考え、行っていたことは、ほとんどすべて悪いことでした。そのことを、神様はとても悲しんでいました。神様は言いました。「人間を創ったことをわたしは後悔している。世界から人間を消してしまおう」。

　ただ一人だけ、神様のこころによりそって生きている人がいました。ノアという人です。彼の妻と三人の息子もまた、良い人間でした。神様はノアに言いました。「人間は終わる。もうすぐ、大きな洪水が人々に襲いかかるだろう。しかし、お前とお前の妻、そして三人の息子、さらにその息子の妻と子どもたちは、救われるべきだ。三階建てで屋根のある大きな船を、木で作りなさい。動物たちが死に絶えてしまわないように、すべての動物のメスとオス、一匹ずつを船に乗せなさい。動物の餌と、お前、そして家族の食べ物のことも考えなさい（中略）」。

1モーセ　6-9　より

　さて、この物語はどのように続くのでしょうか？

György Lehoczky ノアのはこぶね（1966年）

水――新しい命のシンボル*

すべてのキリスト教会で、水は洗礼の時とても大きな役割を果たします。昔からそうでした。水が教会にとってなぜ特別なのかについては、「宗教」の章（第10章）で詳しく学びます。

イスラエル：ヨルダンでのキリスト教の洗礼。ガリラヤ湖のそば。言い伝えによると、イエス・キリストはこのあたりでヨハネから洗礼を受けました。

他の地域でも、水には特別な意味があります。ヒンドゥー教の信者は、ガンジス川の「聖なる水」で定期的に身を清めます。

ガンジス川で沐浴するヒンドゥー教の信者たち（インド）

1. ユダヤ教、キリスト教、イスラーム、ヒンドゥー教において、水がどのような役割を果たすのか調べてみましょう。
2. あなたはキリスト教の洗礼を受けていますか？ 洗礼について、どんなことがわかりますか？
3. 洗礼盤はどんな意味を持っていますか？ また洗礼盤はどんな形をしていますか？
4. キリスト教の教会で、水は何のために使われるのでしょうか？ よく教会に行く人がいれば聞いてみましょう。
5. 聖書には、水が大きな役割を果たす物語がいくつもあります。そのような物語を見つけて、どんな物語か説明してください。
6. キリスト教以外の宗教やほかの文化圏にも、洪水の物語がありますか？ どんな物語があるか、調べてみましょう。

聖書の物語の中では、ノアの洪水*ですべてが破壊されます。しかし、人間は二度目のチャンスをもらいました。人間は、この二度目のチャンスをいかすことができたでしょうか？

日常生活の中でも、宗教儀式*の中でも、人間は水を尊び、大切にしているでしょうか？ あなたは自然の資源を尊び、責任を持って使っていますか？

5．自然の一部としての動物

「動物が、わたしたちに対して決して反乱を起こさないのは辛い。辛抱(しんぼう)強い動物たち、牛、羊、すべての家畜は、わたしたちの手に託され、動物たちはそこから逃れられない」。

作家、エリアス・カネッティ
（1905～1994）

今日の自然科学では、地球上のすべての生き物は水から生まれ、何百万年もかけて、簡単な形態から複雑な形態にだんだん進化してきたのだと考えられています。水から生まれ、進化してきた歴史を考えると、人間と動物は親戚です（122～123ページ参照）。

けれども、だからと言って、中世後期から近代のはじめまでヨーロッパで広まっていたように、動物を人間のように裁判にかけるのは正しいのでしょうか？

裁判にかけられた動物

虫（昆虫・芋虫）や牛・羊などの家畜を、人間の暮らしに害を与えたとして訴えるなんて想像できますか？　そんなことを考えるなんて、すごく奇妙でおかしい、とあなたがたはきっと思うでしょう。

けれども17世紀のヨーロッパでは、まだそういうことが起きていたのです。人間と同じように動物も、罪を犯したとして訴えられ、裁判にかけられたのです。動物たちには弁護人が付けられ、弁護人は動物の代わりに、判決と刑罰に異議を唱えることができました。スイスのグラウビュンデンのある場所では、1659年に、薬草や葉っぱを食べたとして、虫が訴えられました。退屈な裁判を通して虫の弁護人は交渉し、虫がそこに住む許可を得たようです。村の人々に害を与えたネズミやヘビの他にも、豚、ロバ、羊、牛などの家畜がしばしば出廷していました。ほとんどの場合、小さな子どもに怪我をさせたとか、殺した（これは例外的ですが）という罪でした。「普通」の裁判と同じように、法的規則を守り、正当な処分と公平性を動物たちに示すことによって、動物たちが人間に復讐(ふくしゅう)することを防げると考えられていたのです。

動物には権利があるのでしょうか？

人間は動物に対して、どのような責任があるのでしょうか。

「動物は人間のためにいる。家畜は人の労働力にも、食料にもなる。野生の動物は、人の食料やその他、衣服や道具となる」
　　　古代ギリシアの哲学者、
　　　アリストテレス*（紀元前384～322年）

「（個人の意見は別として）人間の利益を、動物の利益より大事に考える理由はない」
　　　イギリスの数学者・哲学者
　　　バートランド・ラッセル（1872～1970年）

【図書案内】
エーリヒ・ケストナー『動物会議』
（岩波書店、1962年）

1 昆虫や芋虫、他の動物が訴えられる「裁判ごっこ」をしてみましょう。どのような起訴状、弁護、利害関係、判決になるでしょうか。そして、考えてみましょう。動物にも道徳があると思いますか？「悪い」動物はいると思いますか？

2 マインドマップを作ってみましょう。動物はどのように人間の役に立ちますか？　栄養になる、衣服になる、大変な仕事を代わってくれる、などそれぞれの役目に当てはまる動物を、2～3種類書き出してみましょう。

3 虫を集めたり、ハエを叩いたりしても良いと思いますか？　それとも、それは犯罪になりえると思いますか？　一匹の虫には、例えば一匹のチンパンジーと同じ価値がありますか？

4 上の写真の猫が、あなたのペットだとします。あなたには、そのネコの面倒を見る義務がありますか？　親に小さな子どもの面倒を見る義務があるのと同じように？　あなたはこの猫に対して、どれくらいの責任があると思いますか？　そしてそれはなぜですか？

　文化や時代が違うと、動物の社会的立場、法律的立場も変わります。ある時は「モノ」と同じように扱われ、人が好きな時に買ったり、売ったり、また必要でなくなれば処分することができます。またある時は宗教の影響で、神聖で、害を与えてはならないとされます。例えばインドの牛のように。今日のヨーロッパでは、動物そして自然全体にも、人間と同じような権利を認めたいと思っている人が、どんどん増えています。そのような自然の「権利」が認められれば、人はもう生き物をモノのように、好き勝手に扱うことはできないでしょう。

5．自然の一部としての動物

6．動物と人間は違うの？

わたしたちが犬に言うこと

犬に聞こえること

　動物や自然を守ろうとする人や、動物をもっと保護し、動物に人間の持っている権利を与えようとさえする人に対して、「動物は考え、文化をつくることができてはじめて、人間と同じような権利を得ることができる」と言い返す人もたくさんいます。

犬は、わたしのことをわかってくれるし、一緒に考えてくれるよ

　「レックスはわたしのことをもちろんわかってくれるわ」ラウラは兄のアレックスに言いました。「レックスはわたしの言うこと、たとえば『お座り！』とか『おいで』とか全部きいてくれるの。それに、もしわたしがパパとケンカしたり、算数で最悪の点数をとって落ちこんでいたら、わかるのよ。それで、そばにきて、やさしくなぐさめてくれるの」アレックスは答えました。「もしかしたら、犬は何か感じているかもしれない。でも、あとはしつけのせいだよ。犬は決して人を理解できない」「でも、レックスになら何でも話せるわ。レックスはいつも、じっと聞いてくれて、『わかってるよ』って、誠意のこもった目でわたしを見つめてくれるもん。フックからリードを外しただけで、レックスにはわかるのよ。これからお散歩に行けるんだって」。

　「そんなのばかげてるよ！」アレックスは言いました。「犬は考えることなんてできない。そんなの全部、犬の本能だよ」。

 1 ラウラとアレックス、どちらが正しいのでしょうか？　両方の意見を集めてみましょう。

動物は考えることができるでしょうか？

　「ラウラ、きみは人間と同じように、動物も考えることができるって主張したよね？」「はい、ポルトス先生」。

　「じゃあラウラ、人間と動物の知能の質に、違いはないということかな？　程度の違いがあるだけだと思う？　大人と子どもの知性の違いみたいに？」

　「程度の違いってどういうことですか？」ミラが聞きました。深く考えながら先生は言いました。「きみたちはみんな身長が違うね。ミラは一番背が高くて、ラウラは二番目、そしてその次がガブリエラ。みんなの身長は違う。これが程度の違い。みんなの体重も違うかな？」

　「ラウラが一番重いよ」ガブリエラが答えました。「その次がミラで、その次がわたし。これも程度の違いですか？」「そうです」ポルトス先生は答えました。「でも、身長と体重の違いは、種類の違いで、程度の違いではない。身長はメートルとセンチメートルで測るけれど、体重はキログラムとグラムで量りますね」。

　「それが、心とか考えることとかと、どう関係があるんですか？」ミラは知りたがりました。

132　第7章　自然とともにある生命――ともに生きる動物

「そう、さっき言ったように」と、ポルトス先生が説明します。「わたしの考えでは、動物の心の動きと人間の心の動きとの違いは、単なる程度の違いです。つまり、動物は本当に心を持っていると言えます」。

「じゃあ、人間と動物の間に何か違いはあるんですか？」ガブリエラはそう聞くと、オレンジジュースを一口飲みました。

「ええ、あると思いますよ。人間は文化を持っている。でも、動物は文化を持っていますか？文化とは、ある民族が作り上げた、共同生活のさまざまな形のことです。言葉や、教育制度、宗教や芸術、人々の生活様式、国の構成、結婚式、財産など、他にもいろいろ含まれます。そして、こういったさまざまな形の共同生活は、親から子どもへと受け継がれていきます」。

人間は毛皮のような動物で鼻が低く、冬には最大2メートルに達する大きな足があります。

少女たちは、よくわからないといった様子でポルトス先生を見つめました。

「ガブリエラ」とポルトス先生は言いました。「人は、陸の上では自然に前へ進みます。もし水の中で前へ進みたい時はどうしますか？」「泳ぐか、船を作ります」ガブリエラは答えました。

「もし誰かが船の作り方を発見したら、水の上を移動したい人は誰でも、真似して船を作れます」ポルトス先生は言いました。「もし飛びたかったら、人は翼が生えるまで待っていますか？」

「いいえ」とラウラが答えました。「気球や飛行機やロケットを発明するか、誰か別の人の発明を利用します」「でも、他の生き物の場合はどうでしょう？」ポルトス先生は聞きました。「鳥は飛びます。でも、鳥は飛行機を造ったりしません。魚は水の中を泳ぎますが、ボートを作ることはしません。クジラはかつて、確かに陸の上で暮らしていました。でもしだいに、海の中に暮らすようになりました。クジラは、ノアのように船を造って生き残ったわけではないのです。むしろ、クジラはボートになったので、生き延びられたのだと言えます」。

「ちょっと、待って」ミラが割り込みました。「先生が何を言いたいのか、だんだんわかってきた気がする。動物は、いくつかの事を、ただ単にやるんです。動物は決まった形で生活して、決まったやり方で、前に進む。でも、人間は新しい生活様式や、まわりの世界を変える方法を、発見することができるんです」。

マシュー・リップマンより

1 ポルトス先生が言った、「程度の違い」や「質や種類の違い」について、別の例をあげてみましょう。人間と動物の間にある「質の違い」は文化だけだ、という意見に賛成ですか？

2 共感すること、理論的に考えること、記憶すること、計画すること、願うことなど、人間の持っている重要な能力をまとめてみましょう。その中で、犬でもできることは何でしょうか？　またそれ以外に、犬はどんなことができるでしょうか。類人猿、猫、うさぎ、魚、虫など、他の動物についても、それぞれどんなことができるか考えてみましょう。

3 問1と問2の課題を踏まえて、動物と人間の違いについて話し合ってみましょう。

6．動物と人間は違うの？

「空虚なうぬぼれから、人間は、自分たちは選ばれた存在で、ほかの生き物とは違うと思っているようだ。しかし人間はその理性で、動物の中に隠された情動がわかるのだろうか？ 猫と遊んでいる時、はたして、猫の暇つぶしに付き合っているのだろうか。猫がわたしの暇つぶしに付き合ってくれているのではないか。わたしと猫は、お互いにくだらない遊びをして楽しんでいる。遊ぶのをやめたり、別の場所に行くタイミングを決めるのは、わたしだったり猫だったりする」。
フランスの哲学者、ミシェル・ド・モンテーニュ（1533～1592年）

「さまざまな言葉を並べて物語をつくり、自分の考えを伝えることができない、そんなバカな人間はいないというのは重要なことだ。それに比べて、人間と同じようなことができる動物はまだいない。オウムはわたしたちと同じぐらい上手に言葉を発するが、わたしたちと同じように話すことはできない。つまり、オウムが考えていることは、オウムが言っていることと同じだ。これは、動物は人間より理性的でないというだけでなく、動物には理性が全くないと証明している」。
フランスの哲学者、デカルト（1598～1650年）

動物は話せるの？

1 小さなグループにわかれて、あまり知られていない動物の鳴き声を紙に書き出してみましょう。それぞれ書き出した動物の鳴き声の一つを選び、真似する練習をして下さい。そのあと、みんなの前で一人ずつ鳴き声を披露してみましょう。ほかの人は、どの動物の鳴き声か当てて下さい。

昨日の出来事を話す。
計画を伝える。
命令をする。
感情を表現する。
理由を言って説得する。
危険だと注意する。

2 上に書かれたそれぞれの言語の型の例をあげてみましょう。高度に発達した哺乳類が人間の言葉を発音できるとしたら、理解でき、使えるかもしれない言語の型はどれでしょうか？ 考えてみましょう。

ある哲学者からの答え

動物の頭の中がどうなっているのか、人間にはわかりません。はっきりしているのは、動物はわたしたちに考えや感情を伝えることができないということです。もしできるのだとしても、少なくともわたしたち人間は、動物からのメッセージを理解することはできません。ですから、ドイツ人哲学者のドミニク・ペルラー（1964年生まれ）は、動物の行動から、動物の内面を理解しようとしました。あるインタビューでドミニク・ペルラーは、動物の言語能力について述べています。

記者（WELT.de）：わたしたちに一番似ているのはどんな動物ですか？

ペルラー：まずは、チンパンジー、オラウータンなどの類人猿だと思います。しかし、このテーマに関わって、動物学者と話をして、たとえば鳥が驚くべき能力を持っていることに気づきました。鳥の頭の中には、地図があるのです。どこに隠された食べ物があるのか覚えていて、とても洗練されたやり方で、お互いにコミュニケーションを取っているのです。人間よりずっと上手に。けれどもわたしたちは、思っている以上にカケス〔鳥〕に似ています。カケスは、どこに食べ物を隠したか覚えることができて、必要に応じてその情報に変更を加えることができます。

記者：それでも、人間はカケスとは違いますよね。何が違うのでしょう？

ペルラー：本来の違いは言語能力にあります。何かの信号を送ってコミュニケーションを取ることは動物にもできます。例えば敵の前で動物はお互いに警告し合います。（中略）けれども、人間が言語と呼ぶものを、動物たちは使うことができません。

記者：言語とはなんでしょう？

ペルラー：言語とは、三次元（三分野）の伝達システムのことです。言語にはまず、意味があります。人は、単語や文の意味がわかってはじめて、言語を使うことができます。次に、構文です。一つひとつの部分は、文章をつくるための決まった規則に従って、組み立てられなければなりません。三つ目は実践的な部分です。わたしたちは質問をしたり、要望を述べたり、命令をしたりするときに言語を使います。これらの三つの分野すべてを満たす言語を使う生き物が、本当に言語を操れる生き物です。

記者：そして、動物は違うと？

ペルラー：違います。例を挙げてみましょう。敵から子どもを守るために、一匹の鳥が啼いたとします。そこでは何が起きているのでしょうか？　この鳴き声は、警告です。広義の意味では、意味があると言えます。さまざまな鳴き声が、さまざまな敵に対して使われます。でも、構文はありません。鳴き声は、一つの文にまとめらることはありません。そして、構文がなければ、それは言語とは言えないのです。（中略）

記者：この三つの条件を満たす動物はいますか？

ペルラー：わたしの研究した範囲では、いません。

記者：いないとは、言い切れないということでしょうか。

ペルラー：はい。

記者：それでは「動物は話せるか？」という問題は、誰かが三次元でコミュニケーションをとる動物を発見するまで、永遠に未解決のままでしょうか？

ペルラー：はい。けれども今までの実験で、言語能力を証明した動物はいません。猿をパソコンの前に座らせると、キーボードを打ちます。しかし、構文を使うことはできません。記録された実験はすべてそうです。けれども、もちろん、いつかこの三つの条件を満たす動物が現れるかもしれません。

ドミニク・ペルラー、クリストフ・ケッセとの対談にて（2007年）

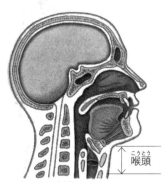

類人猿の喉頭は、高い位置にあり、あまり発達していません。そのため、複雑な言語に必要な音を作り出せません。人間とは違いますね。

3　類人猿に手話を教えたり、パソコンのキーボードを使って言葉を教えたりする実験について、詳しく調べてみましょう。

4　ペルラーさんのいう言語の三次元について、例をあげて説明してください。それ以外の次元もありますか？（134ページの6つの言語の型も参考にしましょう）

5　ペルラーさんの言語に関する意見によると、人間と動物の違いは何でしょうか？　どうして動物は、自分たちの言葉を他の動物の言葉に訳さないのでしょう？

　人間と動物の根本的あるいは質的な違いは、言語と文化のようです。思考力に関しては、人間と動物の差は程度の差のようです。何種類かの動物は、驚くべき思考力を持っています。例えば道具を使ったり、記憶力が良かったり。とはいえわたしたちが動物の知能に関して、確かに言えることは何もありません。わたしたちは動物たちと話し合うことができないし、動物たちの意識をのぞき込むこともできないからです。

7. どのように動物に接するの？

「動物が考えられるかどうか、話せるかどうかは問題ではない！　問題なのはただ一つ、動物が苦しむかどうかだ」。
　　　　　　イギリスの哲学者、
　　　　　　ジェレミ・ベンサム
　　　　　　（1768 ～ 1832 年）

考えるヒント

人間は、「動物を殺したり、苦しめていいのか？」ということについて深く考えたり、討論します（できます）。しかし動物は、「他の動物を殺したり、苦しめていいか？」ということについて話し合いはしていないようです。これはどういうことでしょうか？

「わたしたち消費者は、質の悪い肉を買うのをボイコットして、悪質な肉はいらないときっぱり言うべきです。悪質な肉をたくさん食べるより、少し高くても、質の良い肉を時々食べたいと思う人は多いでしょう。悪質な肉も別に安くはないですし」。
　　　　　スウェーデンの絵本作家、
　　　　　アストリッド・リンドグレーン
　　　　　（1907 ～ 2002 年）

フランツさんの農場で

ついにお休みがやってきました。リサは両親と友達のピナと一緒にシュレースヴィヒ・ホルシュタインの農家に行きました。そこには貸別荘が三つあります。一週間前から、リサたちはここにいて、毎朝馬に乗ったり、ウサギやヤギに餌をあげたり、猫と遊んだりしています。以前は牛もここにいましたが、今は豚の飼育に切り替えたそうです。農家のフランツさんはそうリサのお父さんに説明しながら、数百メートル離れたところにある、緑色に塗られたあまり目立たない建物を指差しました。

突然大きなトラックが通り過ぎ、豚がいるその建物の方へ進んで行きました。その後すぐに、リサとピナは恐怖に満ちたキュウキュウというたくさんの鳴き声を聞きました。二人が声の方へ行くと、フランツさんとトラックの運転手さんが、百匹以上の子豚を一つひとつの箱に追い込んでいました。

リサの部屋と同じくらいの大きさの箱に、約10匹の豚が入れられます。暗くて、殺風景で、洞穴みたいです。

フランツさんが説明しました。「子豚はここで半年餌を与えられて、そのあとまたトラックが来て、屠殺場に連れていくんだよ。そうしたらまたここをきれいにして、新しい子豚たちがやって来るのさ」「ここはいつもこんなに薄暗いの？」ピナが聞きました。「そうだよ。豚は犬や猫のように頭のいい動物だから、人間のようにストレスに弱いんだ。いつも薄暗ければ、ストレスや退屈が原因でお互いの尻尾を噛んだりしない。少なくとも、そんなにひどくはね」「でも、これじゃあ動物虐待よ」とリサがいいました。「わたしたちも、都市にいるきみたちみたいに、良い生活がしたいんだよ」と、フランツさんは言い返しました。「それから、豚肉はたくさんの人が食べたがる。最近は値段が下がってしまったけれど」「でも、じゃあなんで有機農家にならないの？　もっと肉を高い値段で売れば、ここの豚たちも猫やヤギみたいにいい生活ができる」「そんなに簡単じゃないんだよ」フランツさんは答えました。「そのためには、全部変えないといけない。そして、そんなに大勢の人が有機肉に高いお金を払ってくれるかどうか、わからないしね。もしかしたら最終的に、普通の豚肉と同じ値段で売らないといけないかもしれない。そうしたら、豚の飼育にお金がかかりすぎて、赤字になってしまう」フランツさんはまた豚たちの方を向きました。

「これからは有機肉だけ買ってくれるか、お父さんとお母さんに聞いてみるわ」リサがいいました。「わたしのお兄ちゃんは今度12歳になるんだけど、ベジタリアンなの。なんでベジタリアンになったのか、今わかった気がする」ピナが答えました。

§1「何人も、合理的な理由なしに動物に痛みを与えたり、苦しめたり、損害を与えてはいけない」。
§2「動物を飼育する者は（中略）その動物の種に適切な食事と、世話と、生活行動に見合った飼育をしなければならない」。
§3「実験目的と、実験によって動物に与えられる痛み、苦しみ、損害を考慮し、それが道徳的に許容される場合のみ、脊椎動物を使った実験は許可される」。

ドイツの動物保護法より

動物実験

動物実験が必ず役に立つわけではありません。薬の試験の結果は、そのまま人間に適用できないからです。しかし、人間の健康や学問の進歩のためであれば、動物実験はわたしたちの社会で広く認められています。化粧品などの贅沢品の試験のための動物実験に賛成する人は、ずっと少ないです。沢山の動物保護団体は、動物も人間と同じように苦しむと考え、動物実験の完全廃止を求めています。2009年以来、EU法での幅広い動物福祉がヨーロッパ中に定着してきました。

1. リサとピナの会話、そしてリサの両親との会話は、この後どうなったでしょうか？ ロールプレイをしてみましょう（104ページ参照）。

2. 豚や鶏の大量飼育についてもっと調べてみましょう。そして、ベジタリアン（菜食主義者：肉を食べない人）になる理由、ならない理由について考えてみましょう。

3. 動物保護のための法律や動物実験反対運動について調べてみましょう。現在の動物保護のための法律の規制は十分だと思いますか？ 132～135ページで学んだ、人間と動物の違いも考慮し、考えてみましょう。

4. 理想的な「動物保護法」の規則をグループで考えてみましょう。また、動物保護法の目的や目標についても考えてみましょう（動物実験、動物の大量飼育に対するそれぞれの考えにしたがって、グループにわかれましょう。その際、賛成、ある程度賛成、ある程度反対、反対、を基準にしましょう）。

人間と動物の間には質の違いがあるとしても、わたしたち人間が毎日安い肉を食べるために、動物を殺したり、狭い檻に大量に詰め込んで飼育する権利があるかどうかは疑問です。高度に発達した動物たちが、人間と同じように感じたり、苦しんだりするのは明らかだからです。また、動物を人間の健康や美容のために動物実験で苦しめてもいいのでしょうか？ その答えは、動物がどれくらい苦しむのかによって変わるでしょう。また、動物実験から見込める人間への利益も考えなければなりません。

【図書案内】
ウヴェ・ティム『子ブタのルディ』（ミュンヘン、dtv、1993年）

8．どんな自然を望むの？

人間も、地球という家に住むメンバーです。そのグループの中では、水、空気、土、微生物、植物、動物、そして人間がお互いに関係し合い、依存し合っています。人間は、この家の中の唯一の住人ではないので、他の住人の権利や利益を考え、配慮しなければならないと考えるようになりました。

「自然」に、そこでは対立がおきます。しかし、どうすればその利益の対立を解決することができるでしょうか？　ドイツでは、沢山の人が「成長の限界」に達したと考えています。そして次の世代のことも考えて、自然資源を節約するべきだと考えています。けれども、この「限界」は壁ではありません。壁に突き当たるわけではないので、いつ自然に負担をかけ、限界を超えてしまったのか、なかなかわからないのです。ですから生態系を守る倫理*、つまり自然資源を節約するための基本ルールが必要なのです。

人間と自然

1. 人間と自然はお互いにどれくらい依存しているのか、考えてみましょう。その際、次の点も考えましょう。
    - 人間は、自然から何が必要ですか？　自然の「必要性」、自然から「得るもの」とはどのようなものでしょうか？
    - 一年を通して、自然はあなたがたの日常でどんな役割を果たしていますか？
2. グローバルな「地球の家」の中の、人間と自然との関係を評価しましょう。わたしたちが自然に対してしていることで、良いことと、悪いことをあげて下さい。もしも、自然が破壊されているのだとしたら、そこにはどんな危険がありますか？　人間はその危険を防ぐために、何ができますか？
3. 人間には自然（他の生き物の生活圏）を侵害する権利があるでしょうか？「ある」または「ない」理由を考えましょう。その上で、両方の立場の長所、短所を話し合いましょう。
4. 芝を刈る、花を摘む、森に散歩に行くなどの日常の行動は、倫理的に認められるでしょうか？　人間は動物を檻に閉じ込め、飼ってもいいのでしょうか？　自分の考えを述べましょう。
5. 友達のために、ペットの扱い方についての小さなガイドブックを作りましょう。
6. 最後に、自然に対する正しい態度について、文章にまとめてみましょう。

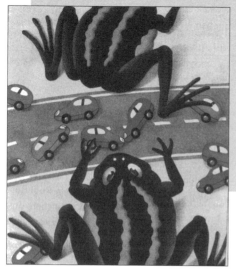

この絵には、どんなメッセージが隠されていますか？

あとは野となれ山となれ？

ドイツには約800種類の蜘蛛がいます。もしその中の何種類かの蜘蛛が消えたら、どうなるでしょうか？ 蜘蛛は嫌われものなので、何匹かの蜘蛛を標本にして、後世のために博物館や動物園に保管しておけば十分ではないのでしょうか？

もうずっと昔に絶滅してしまった恐竜やドードー（飛べない鳥）に会いたいと思いますか？

わたしたちは仲間の人間だけでなく、自然も守る責任があります。この課題は、環境保護団体にだけ任せておくべきではありません。あなたがたは、近所で自然保護活動に参加したいですか？ 最初の一歩として次のような試みはどうでしょう。学校のみんなや、そのまわりの人たちに、環境危機や生物多様性の意味について説明してみるのです。

【ウエブサイト案内】

www.bmu.de:
ドイツ連邦環境省ホームページのトップに、ドイツに生息する生物の多様性に関する情報が掲載されています。

www.floraweb.de:
ドイツ連邦環境保護庁は植物界の変化を記録し、「レッドリスト」（絶滅の危険のある植物のリスト）を更新しています。

プロジェクト：自然の多様性を守り、種の絶滅を止めよう

聖書の洪水の話では、ノアはすべての動物のオスとメスを船にのせました。そして大きな洪水（ノアの洪水）の後、人間だけが地球上に残るのではなく、動物たちもまた自然の多様性を維持して、生きていくはずでした。ノアの残したものは、その後一体どうなったのでしょうか？ わたしたちは動物や植物による自然の多様性に対して、どう向き合っていけばいいのでしょうか。どんな生き物たちが、わたしたちが見ている景色から音もなく消え、そしてこの地球上から永遠に消えて行くのでしょうか？

- わたしたちの国や熱帯雨林地域で、どんな植物や動物が絶滅の危機に瀕している、または、すでに絶滅してしまったのか、調べてみましょう。また、あなたがたの地域で活動している環境保護団体についても調べてみましょう。
- 植物や動物が絶滅しそうになる原因は何か、調べてメモを取りましょう。その時、いつも全体としての自然を考えましょう。例えば、コウノトリがドイツにほとんどいないのは、人間がコウノトリを狩ったからではありません。人間がコウノトリの生活圏（湿原など）を取り上げたからです。
- 種の絶滅を阻止するべきか、また、なぜ阻止するべきなのかを話し合いましょう。
- このプロジェクトの結果をあなたがた自身、そしてクラスメートのために記録しましょう。

真実、現実、メディアへの問い

第8章　メディアが生み出す世界
──「美しさ」と「みにくさ」

　アメリカの芸術家ナム・ジューン・パイク（1932～2006年）は1990年にドイツ郵便博物館が開館した際、「プレ・ベル・マン」という作品を制作しました。その彫刻は今、フランクフルトの通信博物館の前にあります。彫刻のタイトルは、1876年に電話を発明したとされるアレクサンダー・グラハム・ベル（1847～1922年）にちなんでいます。

1 この彫刻と、彫刻のそれぞれの部分について説明しましょう。彫刻の中に、どんな通信機器が含まれていますか？これらの機械はいつの時代のものでしょうか？　クラスのみんなで年表を作ってみましょう。

2 「プレ・ベル・マン」という作品名は、何を意味していますか？

3 ナム・ジューン・パイクは、この作品を通して何を表現したかったのでしょうか？　あなたがたの意見を出し合いましょう。

4 50年以上前には、どうやって連絡を取り合っていたのでしょうか？　お年寄りに聞いてみましょう。

1. 限度のないメディア？

「コミュニケーション」という言葉は、ラテン語の「コムニカチオ」からきています。「コムニカチオ」には、次の三つの意味があります。
1. わかち合い
2. 共同体
3. つながり、共通点

現在では、「コミュニケーション」とは多種多様な方法での人と人とのつながりと理解されています。

「現代は、メディアの時代です！」こんなセリフを、あなたがたはきっとよく聞くでしょう。でも正確に言うと、これは一体どういう意味なのでしょうか？

メディアは人間のコミュニケーション手段で、情報を広めてくれるものです。わたしたちの「言葉」は、一番古くて、一番重要なメディアです。その次に、本や新聞など印刷されたメディアがあります。いわゆるオーディオ・ビジュアル・メディア（ラジオ・テレビ・電話）、そしてCD－ROMやインターネットなど、現代のコンピューターを使ったメディアもあります。

メディアの消費量が多いと、成績が悪くなる？

2007年の子どもと若者のメディアに関するアンケートでは、次のような平均値が出ました。

・質問に答えた4年生100人のうち、30人から40人の子どもが、子ども部屋に自分のテレビを持っていました。
・約35人の子どもが、自分のコンピューターを持っています。
・学校がある日、男の子は女の子よりも平均50分長くメディアを利用しています。
・自分のテレビを持っていない子どもは、学校のある日、1日1時間以上テレビを見ます。
・自分のテレビを持っている子どもは、学校のある日、持っていない子どもの約2倍、つまり約2時間テレビを見ます。
・ゲーム機を持っている子どもは学校のある日、1日約50分ゲームをします。
・ゲーム機を持っていない子どもは学校のある日、1日約20分だけゲームをします。

メディアに批判的な人は、メディアの消費量が多いと成績が悪くなると信じています。メディアに賛成する人は逆に、ある程度メディアに触れた方が、集中力が上がると言っています。もちろん、その内容やゲームの種類によりますが。

あなたがたはどう思いますか？ 話し合いましょう。

学習方法：アンケートを取ろう

・最初の話し合いで、アンケートの目的は何かをはっきりさせて下さい。アンケートを取って、どんなことを知りたいですか？
・みんなで考えて決めましょう。どんな人たち、何歳の人にアンケートを取るべきですか？ そして、何人の人に答えてもらいたいですか？ アンケートは無記名にするべきですか？
・質問表を作りましょう。読みやすくて、興味をそそるアンケートになるようにしましょう。
・アンケートの結果をみんなで評価し、結果について話し合いましょう。

ぼくの理想の一日

とりあえず、良い１日がはじまった。枕の横でけたたましく鳴る、目覚しの音がしない！　そう、今日は土曜日。でもただの土曜日じゃない。特別な土曜日！　ぼくは一日中、一番楽しいことが何でもできるんだ。お母さんの小言を聞かなくていいし、お父さんのしかめっ面も無視できる。最高だよ。しかも、何をするかもうちゃんと決めているんだ。

1　あなたの理想の一日の流れを書いて下さい。その日、メディアはどんな意味を持ちますか？

古代ギリシアの哲学者の理想の一日

親愛なる友よ！
きみの要求に応えて、わたしの一日の営みと、行動の順番を説明しよう。
今日一日は、完全にわたしのものであった。誰も、どんな些細なことも邪魔をしなかった。一日は、読書と休憩の繰り返しで過ぎていった。ほんの少しだけ、体を動かした。運動のあとすぐ、水風呂に入った。まあ、いわゆるぬるま湯だ。それから少しのパンと朝食を食べた。食卓にはつかない。朝ごはんのあとは、手を洗わなくていい。それから昼寝をした。きみはわたしの習慣を知っている。わたしは少し寝れば十分で、あとはのんびりする。

セネカより

2　ローマ帝国の哲学者セネカ（約１〜65年）は友達に、一日について説明しました。セネカの手紙を、あなたがたの普段の言葉に書きかえましょう。

3　あなたの一日と、セネカの一日を比べてみてください。何が同じで、何が違いますか？　セネカが愛する一日は、あなたにとって何か欠けていますか？　それは何ですか？

4　「メディア時代」は社交的な時代ですか？　それとも孤独な時代ですか？

5　メディアの利用について、自分でアンケート調査をしてみましょう。その結果と左のページの２００７年の研究結果とを比較してみましょう。

哲学者のセネカがタイムマシーンでわたしたちのところに来ることができたら、きっと今の世界が理解できないでしょう。止まるところを知らない技術の進歩のおかげで、今では多種多様なコミュニケーション・メディアがあります。メディアは一日の流れの中に当然のようにあり、リラックスした自由な時間を楽しく過ごせるようになりました。昔と比べると、メディアによって人の自由な時間の過ごし方が変わったのです。

1．限度のないメディア？

2．ケータイなしで！？

右の図は、携帯電話を利用する人の数が9年間のうちにどれだけ増えたかを示しています。

1 もし携帯電話がなかったら、あなたの一日はどんなふうだと思いますか？ あなたも、他の人も携帯電話を持っていなかったとしたら。携帯電話なしの一日を、文章にしてみてください。たとえば日記のように書いてもいいし、自分で相手を選んで、その人に手紙を書いてもかまいません。

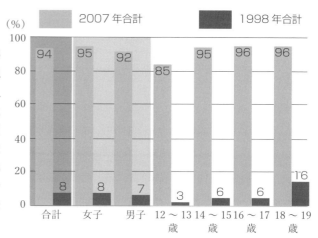

携帯電話利用者（2007年、1998年）

2007年合計／1998年合計

	合計	女子	男子	12〜13歳	14〜15歳	16〜17歳	18〜19歳
2007年	94	95	92	85	95	96	96
1998年	8	8	7	3	6	6	16

JIM2007、JIM1998 より

この情熱的な手紙を書いたのは、有名な作曲家のルイードヴィッヒ・ヴァン・ベートーベン（1770〜1827年）です。アントニー・フォン・ブレンターノに宛てたものだと考えられています。

1806年7月

天使であり、すべてであるきみへ

　今日は少しだけ書くよ。（きみの）鉛筆で。伝えたいことがたくさんあって、胸がいっぱいだよ。ああ！ 言葉なんて、まったく意味がないと思う瞬間がある。

　今さら思うよ。手紙なんて、もっと早く諦めなければならなかったのだ。郵便が配達されるのは、月曜日から木曜日までだけなのに。ああ、ぼくがいるところに、きみは一緒にいる。多分きみは、最初の手紙を土曜日になってやっと受け取る。それを考えると、泣いてしまうよ。きみがぼくを愛するように──いやもっと強く、きみを愛しているよ。

　ああ神様、どうして愛する人から離れなければならないのでしょうか。今の暮らしは、細々としたものだというのに──きみの愛は、ぼくを最高に幸せにしてくれるし、最悪に不幸にもする！

　天使よ、今、郵便が毎日集荷されることを知ったよ。だからはやく書き上げなくては。すぐこの手紙がきみへ届くように。恋しくて涙が出る。ああきみよ、ぼくの人生であり全てであるきみよ、どうぞお元気で。ああ、ぼくのことをこれからも愛していてほしい。きみの愛する人の、誠実な心を決して誤解しないでほしい。

ルイードヴィッヒ
永遠にきみの
永遠にぼくの
永遠にぼくたちの

ルイードヴィッヒ・ヴァン・ベートーベン

やっていいのは？

学校では、生徒同士、生徒会、先生や保護者の間で、携帯電話について熱い議論が交わされています。話し合いの機会はいくらでもあります。勝手にビデオ撮影をして人権を侵害したとか、授業を妨害したとか、未成年には禁止されている、いわゆる有害サイトの写真や動画をダウンロードしたとか、電磁波の害とか、携帯電話で借金をしたとか、いじめをしたとか。

学校での携帯電話使用について、統一された法的規制はありません。けれども学校ではたいてい、校則で携帯電話の使用を規制しています。

肝心な内容は短く？

SMS（ショート・メッセージ・サービス）は今日よく使われるコミュニケーション・メディアです。SMSで、短い挨拶を送ることができます。だいたい顔文字や頭文字語だけですが。また、情報を素早く転送することもできます。最近では、SMSで文学作品を書くコンテストさえあります。

1	あなたがたは日常生活の中で、携帯をどんなことに使いますか？ 黒板にリストアップしましょう。
2	学校で携帯電話使って、今までにどんな経験をしましたか？ 話し合ってみましょう。どんなルールを絶対に守るべきですか？
3	あなたがたの学校で、携帯電話に関してどんな決め事があるのかを調べましょう。あなたがたの考えと、学校の考えを比べてみましょう。そして違いがあれば、それについて話し合いましょう。
4	ベートーベンのラブレターを、SMSまたはEメールにしてみて下さい。どんなことに気づきますか？
5	「携帯電話のコミュニケーションでは言葉が省略されていて、人間は考えることを忘れてしまう」。この主張は正しいでしょうか？ 話し合いましょう。

顔文字は、普通の文字をつなげてつくるもので、笑顔や気分、気持ちを表現します。顔文字（emoticon）という言葉は、英語のエモーション（emotion）とアイコン（icon）という言葉をつなげて作ったものです。
頭文字語は、複数の単語の最初の文字をくっつけた略語です。

あなたがたが望めば、いつでもどこでも、連絡を取り合えます。あなたがた自身も、電話やSMSをつかってすぐに誰かに連絡できます。簡単に言えば、「どこにいても」「すぐに」というのが、現代のメディア生活の特色です。

けれども、誰かにとって便利なことも、他の誰かにとっては不便だったり、合わないことかもしれません。そのことを知っていれば、メディアに影響されすぎることなく、メディアの良い部分を利用できます。

3．何もかもコンピューターで？

1 上の絵について、グループで声を使わずに筆談しましょう。そのあと、この絵の作者が一体何を表現したかったかを考えてみましょう。（「学習方法：声を出さずに筆談してみよう」163 ページ参照）

2 この絵に題をつけるとしたら、何がいいでしょうか？　話し合って一番合うものを選びましょう。

無限のネットサーフィン

「わあ！ マヨルカ島の一番大きな砂浜にあるウェブカメラが、すっごい混雑を映してる。タオルの上に人がいて、ぎゅうぎゅう詰め。まあ、そうだよね。シーズンだし、旅行の時期だし、天気最高だし！ オランダはどうかな、見てみよう。二週間後には青年キャンプであそこに行くしね…」。

シモンはパソコンの前に座って、世界を旅しています。その時、お母さんが階段を上がって、シモンの部屋に近づいてくるのが聞こえました。これから何が起こるか、シモンにははっきりわかっています…。

お母さん：まったく、シモン、わかってるでしょう？一日中ネットサーフィンして欲しくないって！

シモン：一日中ネットしてるわけじゃないよ。でもさ、これすっごい！ ネット上でなんでも見つかる！

お母さん：だからダメなの！ ネット上には子どもに良くないサイトだってたくさんあるのよ。暴力的な表現とか。前にも話し合ったでしょう、ネット上のことでも、実際の生活に影響があるって！

シモン：そういうサイトには絶対行かないよ。それにさ、そういうのが現実じゃないってことくらいわかるよ。お母さんは何もわかってない！

お母さん：はいはい。あなたはいつもそう言うわね。いいから、いいかげん外に行って、新鮮な空気を吸って、友達に会って来なさいよ…。

1 シモンとお母さんの会話の続きを書いて下さい。その際、例を挙げて、シモンの言い分とお母さんの言い分をはっきり書いて下さい。

2 ネットサーフィンは無制限にしていいと思いますか？ 制限するべきですか？ あなたがたの家のルールをお互いに説明して下さい。お父さんやお母さんはなぜそのルールが必要だと言っていますか？

3 直接友達と会うのと、コンピューターで友達と話すのとでは、何が違いますか？

4．あらゆるものがネット上に

「あー、もう17時だ。今日の宿題はほんと多かったわ」アントニアはイライラしながら、数学の本を閉じました。さて、これからが午後の心地良い時間です。パソコンを立ち上げて、生徒VZ〔ドイツ版の生徒版フェイスブックのようなもの〕にログインしました。アントニアは2週間前に12歳になって、その時からこの大きなオンライン・ネットワークのメンバーです。もう64人の友達がいます。アントニアはまず、昨日の夜、つまり彼女が前回オンラインだった時から、誰がアントニアのプロフィール・ページを見て、メッセージを残したかチェックします。8通の新しいメッセージがありました。そのうち2通は、知らない人からでした。アントニアは、誕生日にプールで撮った変な写真をアップロードしていたのですが、その写真にネットワーク上の人たちは興味深々(きょうみしんしん)のようです。

「あ、今オンラインだって、アイラがすぐ気づいたわ！」メールボックスに、新しいメッセージが点滅しています。「そうだ。今日の午後、アリサとエレンと、4人のメール会議しようって、約束してたんだった。大事なテーマは、7Cクラスの転校生！　エレンが休み時間に携帯で撮った彼の写真が、もうエレンのページに載ってる。キュートだわ！　彼も生徒VZに登録してるのかな？」他の子たちがオンラインになるまでの間、アントニアは他のメンバーのプロフィールや写真を見ていました。読んだり、見たりできることがたくさんあって、アントニアは、お父さんとお母さんがどうして生徒VZに反対なのかさっぱり理解できません。もし、アントニアの好きにできたら、決められた時間だけではなく、一日中オンラインでいることでしょう。こんなに簡単に友達を作ったり、友達と付き合える方法は他にないのですから！

気をつけて！

〈必ず知っておくべきこと、気をつけるべきこと〉

・一度ネットに上げたら、ずっとネットに残る⁉　アップロードした文章や写真は、あなたが思うよりもずっと長い間、そこに残ります。あるサイトに書き込んだことを消せるとしても、他の人がもうとっくにその情報をハード・ディスクに保存しているかも知れません。

・何を公開したいのか、よく考えるべきです。すべての情報、すべての写真を一般公開するべきではありません。

・写真を拡散する時は、映っている人の了解を得なければなりません。それはドイツでは有効な法律によって、はっきりと定められています。これは、インターネットで写真を拡散する場合も同じです。つまり、プライバシーの権利を傷つけないためにも、該当する人とあらかじめ話し合って、写真を公開する許可をもらわなければなりません。

芸術著作権法より

1 もしあなたがたのデータを誰でもインターネットで見られるとしたら、何が起こるでしょうか？　想像してみましょう。

2 生徒版フェイスブックに適用される行動規定について調べましょう。また、データ保護のためにできる安全対策についても調べてみましょう。

3 生徒版フェイスブックなどのプラットフォームで、他の子どもや若者に自己紹介するためのプロフィールをポスターに書きましょう。趣味や好きなこと、嫌いなこと、一番好きな旅行先などについて書きましょう。

4 小グループに分かれて、それぞれプロフィールを紹介し合いましょう。女の子の間、男の子の間で自己表現の仕方に共通点はありますか？　それぞれの印象を話し合いましょう。

5 ネット上でしか知らない人が、自分の一番の親友になると想像できますか？

　今や、コンピューターとインターネットなしの生活は考えられません。それはコンピューターとインターネットに色々な機能があるからだけではありません。ネットサーフィンには、無限の可能性があります。まるで、全世界が小さくくっついたように見えます。けれども、インターネットを通して仮想世界と接する人は、「玄関のドアを開けたところにある真実」を認識することができるのでしょうか。これについては、繰り返し問われ、研究もされています。インターネット上の仮想の出会いは、現実世界の人とのかかわりに、どう影響するのでしょうか？　現実世界で孤独になっていく危険はないのでしょうか？

5. 美の輝き

1 二つの空の額があります。額に収めるのにふさわしく、美しいと思う人の写真を見つけましょう。

　若者向け雑誌や人気のテレビドラマは、魅力的で、かっこよくて、さりげなくすてきな人たちであふれています。彼らは人目を引いて、真似したいと思われて、流行の発信源になったりもします。けれども、そんなに魅力的ではなく、流行にのっているように見えない人たち、スタイルが良くない人たちはどうでしょうか？　そういう人たちは、テレビドラマやCMや雑誌に登場しますか？　お年寄りや、病気の人たちはどうでしょうか？

　研究によると、わたしたちは成功していて、幸運な人間を魅力的だと思うようです。ですから、そういう人たちのそばに行きたいとも思います。反対に、身体的にみにくかったり、弱かったりすると、わたしたちは不安になります。抵抗感が生まれ、そういう人たちとできれば距離をおこうとします。

　校庭や街やバスの中で、一度じっくり見てみてください。いわゆる綺麗(きれい)な人のほかに、あまり魅力的ではない人、好まれないタイプの人、もしかすると変な人、見慣れない人、そして何よりも「普通の」人たちを発見できるはずです。

1	百科事典を使って、「美しい」「みにくい」という言葉がどこからきたのか調べましょう。
2	美しい人、みにくい人に関するあなたがたの経験を、お互いに話し合ってみましょう。
3	小グループに分かれて、「美の輝き」というテーマでコラージュを作成しましょう。その際、広告や新聞の切り抜き、雑誌の写真などを利用するとよいでしょう。コラージュの中で「美の輝き」というテーマに対する批判も表現してみましょう。
4	コラージュの材料を選びながら、あまり魅力的でない人や、お年寄りはどのように表現されているのか考えましょう。
5	メディアの中で表現されている美しさは、子どもや若者にどう影響すると思いますか？

【映画案内】
　驚いたことに、10歳のぽっちゃりしたオリーブはカリフォルニアの美人コンテストに出場することになりました。美人コンテストでは、リトル・ミス・サンシャインが選ばれます。ちょっとドタバタな家族と一緒に、オリーブはガタガタのフォルクス・ワーゲン・バスに乗ってロサンゼルスへ向かいます。

　　　　　　　　　　　　　　　アメリカ映画『リトル・ミス・サンシャイン』（2006年、98分）より

6．美の輝きを真似する？

何が何でも綺麗になる？

最近、美容整形をして見た目を良くして、もっと自信を持ちたい、という若者の数が急激に増えました。多くの有名人や芸能人が美容整形を公表しているので、驚くほどその傾向が進み、美容整形は当然と思われてきているようです。アンケート調査によれば、回答した9歳から14歳の若者のうち、約20パーセントが美容整形を望んでいるそうです。また、ドイツで行われている美容整形手術のうち、約10パーセントが未成年を対象としたものだと推測されています。美容整形のサービスは色々です。とがった耳の形を変えるとか、曲がった鼻をなおすとか。誕生日やクリスマスのプレゼントに、子どもに大きな胸や、アヒルっぽい唇や、脂肪吸引をあげる親もいるようです。保健政策にたずさわる政治家たちは今、医学的に明らかに必要でない限り、未成年の美容整形手術を禁止しようとしています。

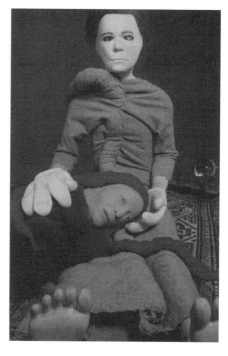

152　第8章　メディアが生み出す世界――「美しさ」と「みにくさ」

「子どものころから、みにくくなりたかったの」

あるインタビューの中で、シンディ・シャーマン（1954年生まれ）は、どうして美しい写真よりも非情なピエロの方が好きなのかを告白しました。彼女は面倒な服や派手なメイク、ぞっとするような自己表現で世界的に有名になった人です。

質問：どうして変装したいと思われたのですか？

シャーマン：子どもの頃、ほかの子どもたちがするようにわたしも変装をしたわ。でも、小さい女の子がするように、可愛くなるために変装したわけではないの。みにくく、年老いて、モンスターみたいに見えるように変装したのよ。

質問：美しさを暴くのが目的なのでしょうか？

シャーマン：ええ。それが、現実にまつわる疑問の一部だから。美しさって何？ 美しさってほかのすべてのものと同じくらい、ある意味人工的なものじゃないかしら。

質問：絵と同じくらい、写真も嘘をつく？

シャーマン：もちろん！ 写真は現実を捉えていると思われているけど。

質問：その意味で、コンピューターは写真の役割を変えましたね。コンピューターを使われますか？

シャーマン：顔を変えるためにコンピューターなんて使わないわ。一度も使ったことはないの。肌や目を変えるためにコンピューターに依存したくないのよ。ごまかしじゃないかしら。

質問：ぼろぼろで不格好な人形のようなスタイリングは、社会的に理想とされるものとの矛盾を表現しているのでしょうか？

シャーマン：美しい写真を作ろう、美しいものを撮ろうとする人は多いと思うの。だからわたしは、美しいと見なされないもの、微妙だと思われているものに、ずっと心惹かれているのよ。

シンディ・シャーマン

1　音楽界、芸能界または日常生活の中で、わざと自分をみにくく表現している人を知っていますか？ そこにはどんな目的があるのでしょうか？

2　たとえばカーニバルなどでは、特にみにくいコスチュームがいいとされます。どうしてでしょうか？ 考えてみましょう。

3　あなたにとって、自分の見た目はどれくらい大切ですか？

4　化粧、刺青、手術。もともとの見た目を変えるのに、どこまで許されるのでしょうか？話し合いましょう。

メディアの中の美しい世界、豪華な世界は、現実のごく一部にすぎません。けれども、それはわたしたちの好みに影響を与えます。どのように流行に乗り、どのように自分自身のスタイルを表現するのか、本当に自分でそれを決めることができるのでしょうか？

6．美の輝きを真似する？

7．何を美しいと思うの？

　この絵を知っていますか？　本や、看板や、もしかしたら美術館で、賞賛される芸術家の絵を目にするでしょう。それで、あなたはどう感じますか？　有名であろうとなかろうと、あなたはその絵が全然好きになれない。そうなのです。だれもが同じものを美しいと思うわけではないのです。

これらの絵は、美しいですか？

「この絵を見ると、素敵な気分になる！」

「鼻はどこにあるの？これってわざと？」

「どうしてこんなに奇妙に描いているの？」

「すごく暗い気分…」

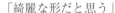

「綺麗な形だと思う」

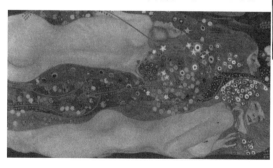

「これ、わたしの一番好きな色！」

「このたくさんの模様が綺麗だと思う。水のある景色を思い出すわ」

　これらの絵を１～６の数字で評価しましょう。「１」はとても綺麗、「６」は全然好きになれない、という意味です。その評価の理由も述べましょう！

「○○なら美しい絵と言える」という人がいます。

- 色がカラフル
- 想像力を刺激する
- 興味をそそる
- 現実に忠実に描かれている。
- 楽しく感じられる

　どんな時代でも、世界のどこにでも、「理想の美しさ」というものはあります。体や顔についてはもちろんですが、髪型、服、アクセサリー、その他の流行品なども、それぞれの理想像に大きくかかわります。

　例えば1600年頃、大きな胸とまるいお尻が女性の理想体型でした。また、あごが割れている男の人は魅力的だと思われていました。しかし数年後、女性は窮屈なコルセットをつけなければならなくなり、今日まで、細くないと絶対ダメだと思われています。貴族のような青白さを理想とする考えは、50年くらい前になくなりました。それまで日焼けした肌は、外で働く農家や職人のしるしで、見苦しいと思われていました。でも今では日焼けした肌は、南に旅行に行くお金がある、ということを示しています。

1 どんな時、絵を美しいと思いますか？　上の意見に賛成しますか？　それとも、もしかして全然違う理由がありますか？

2 美術の授業の成績について、経験を話し合ってみましょう。数学の課題に点数をつけるより、一枚の絵に点数をつける方が難しいのはなぜでしょう？

3 想像力を働かせてみましょう。20年後、50年後、100年後の理想の美しさはどのようでしょうか？　イメージしてみましょう。その理想を、「未来の理想の美しさ」というタイトルの一枚の絵にしましょう。

4 人は本当に、それぞれ違うものを美しいと感じるのでしょうか。それとも、みんなが納得できる基準があるのでしょうか？

　多くの場合、何かをはっきり評価するのは難しくありません。しかし、人や物が美しいか、みにくいか、判断する時はどうでしょうか？「美しさ」や「みにくさ」に関しては、決定的に「正しい」判断、「間違った」判断はありません。それによく言うではありませんか、「美しさは、見る人の目の中にある」と。

7. 何を美しいと思うの？

8．身のまわりにある美しさ

「誰も見てないのか？　このひどい様子、似合わない素材、まわりの事を考えず、秩序なく散乱しているものを。これを見ても無関心でいられるほど、みんなそんなに鈍感なのか？　実際、そうなんだ。高いお金をデザイナーに払って、車の見た目を良くする。やっぱり楽しく車に乗りたいから。でもその車は夜、むき出しのプレキャスト・コンクリートでできた車庫に入る。呆然とするほど酷い見た目の。まわりの環境の見た目に対する絶対的な無関心。どうでもいいという態度の例を挙げれば切りがない」。

ゲリット・ケッフラー

　目覚めた時、わたしはまだぼんやりしていました。奇妙で怖い夢が、まだ詳細に頭に残っていました。ひどく不気味な人物がわたしに宣言したのです。「今すぐに、お前の世界の美しいものすべてが消える！」と。けれども、それは何のことでしょう？　あれは夢などではなかったのです！　まわりのものが、すごく奇妙に見えます…

1　美しいもののない世界、その話の続きを書きましょう。

「これ読んでみて！ かっこいいキャンペーンだね。うちの学校でもこういうのできるんじゃないかな」向かいの席で朝食を取っている姉のロニャに、ヤンは新聞を渡しました。「ほんとだ。面白いアイディアじゃない。でも面倒くさそう！ しかも週末にやるなんて！」ロニャは額にシワを寄せました。「やる価値あるのかな？ しかも絶対たくさんお金かかるし。もっと他に大事なことがたくさんあるのに…」。

ケルンの生徒のコンテストに関する記事

2009年5月5日火曜日

　先週の土曜日、ケルンの中学校の生徒たちは、筆とペンキ缶で武装して、市内にある12個の殺風景な灰色の箱に闘いを挑（いど）みました。箱は大分汚くて、ポスターが貼られていて、落書きがあって、どちらかと言えば今までは目を反らしたくなるものでした。なんという変化でしょう！ その想像力豊かで創造的なアイディアで、若い芸術家たちは数日の間に、味気ない電源分配ケースを変身させたのです。鮮やかな色と独自の画題で電源分配ケースは本当に人目を引くようになりました。このキャンペーンは、通行人からも、お店の人からも大きな支持を得ました。

　当初はケルン市内の学校すべてが参加するコンテストで、…

1 ケルンの生徒のキャンペーンについて、賛成か反対か、もっと意見を集めて話し合いましょう。

2 何日かかけて、自分の近所を調べてみましょう。意識的に街を美しくしようという試みはありますか？ どんな試みでしょうか？ いますぐそうした活動が必要な場所はどこですか？

3 愛情を込めて作られたか、無関心（むかんしん）に放置されているか。まわりの環境は人間にどんな影響を与えると思いますか？ 日常生活の中から、例をあげてみましょう。

4 人間はどうして、何かが「美しい」とか「みにくい」ことに無関心ではいられないのでしょうか。一緒に考えてみましょう。

　わたしたちは自分のまわりの環境を、感覚すべてを使って感じ取ります。その時一番大きな役割を果たすのが、視覚です。まわりの環境が健康や幸福感に影響することは、経験から知っているでしょう。こうした理解を活かす道があります。学者たちは、ある特定の色、特にやわらかなパステルカラーが、人を落ち着かせることを発見しました。もし、まわりの環境が愛情をもって整えられていたら、その環境の中でより快適に過ごせるでしょう。「みにくい」場所よりも、「美しい」場所にとどまりたいものです。そして「美しい」場所では、行動も変わります。

8．身のまわりにある美しさ

9. ふりかえりましょう

　この章であなたがたは、いろいろな形で議論されるメディアの世界について、学んできました。ここでは、「美の輝き」の持つ意味について調べました。美しさは、わたしたちの生活の中でどんな意味を持つのでしょうか。

　取り扱った文章や絵、話し合いの中で、きっとあなたがたは見覚え、聞き覚えのあることがあったでしょう。全員？　まあ、ほとんど全員ですね。ハキムがいませんから。ハキムは2週間入院していました。大きなギブスをはめていて、今は家で寝ています。

1　ハキムに、授業でみんなが何を学習したかを伝えるEメールを書きましょう。その時、次の用語をわかりやすい順番に並べて使ってください。

> ネットサーフィン、コミュニケーション、言葉、学校の成績、メディアの消費、携帯電話、仮想世界、危険、自由な時間、孤立化、テレビ、ネットワーク化、コンピューター、インターネット、現実、行動規範(こうどうきはん)

　思い出すために、この章のページやノートをもう一度見直しましょう。

2　次の用語に関連して、何を思い浮かべますか？

> 流行・美しさ・年齢・性格・環境・好み・スタイル・みにくさ・同じ見た目・理想像

3　それぞれの用語に対して、どんなことを連想しましたか？　連想したことから広げて、作文を書いてみましょう。

4　お互いに連想したことからどのような作文を書いたか比べてみましょう。

5　作文をポスターにして教室にかざりましょう。

プロジェクト：教室を美しくしよう

　一週間、一か月、一年の間に、一体どれだけの時間を教室で過ごすのか、計算したことがありますか？　間違いなく、すごく長い時間でしょう！　ですから、教室はただの部屋ではないはずです。教室の中は快適で、あなたがたらしい雰囲気があるべきです。

・学校の教室を見て回りましょう。どの教室が一番きれいで、どの教室が一番汚いですか？　教室を美しくするものは何か、黒板にリストを書きましょう。

・どうやったら教室をもっと美しくできるか、みんなで考えて決めましょう。独自のスローガンを選んでもいいでしょう。

・教室をきれいにすることには、どれくらいの価値があるでしょうか？　これは肝心なことです。学級費をすべて使わなければならないくらいでしょうか？　自由な時間も作業に費やす必要があるでしょうか？

・計画に関しては、次のことを考えると良いでしょう。誰が、何を一番上手にできますか？　誰が、何をするのが好きですか？　誰が何を担当したいですか？　どんな助けが必要で、誰に助けてもらえそうですか？

・プロジェクトの各段階で写真を撮ったら、きっと楽しいでしょう。作業の成果は、学校のホームページなどで公表してもいいですね。「ビフォアー、アフター」の写真を並べたら、きっとみんなびっくりしますよ。

・最後に一番大切なこと。プロジェクトが成功したら、お祝いしましょう！

まだ、大きな質問を
するには小さすぎると思う？
それなら、大人はきみを小さい
ままにしておけるね
きみがじゅうぶんに大きくなるまで
エーリッヒ・フリード
『小さな質問』より

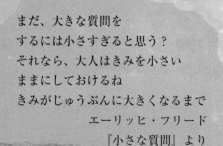

なぞなぞ
さわることはできない。
つかまえられもしない。
においみたいなものかな？
ちっともとまってないで、動いていくものだわ。
そうすると、どこからかやってくるにちがいない。
風みたいなものかしら？
いや、ちがう！　そうだ、わかったわ！
一種の音楽なのよ。
ミヒャエル・エンデ『モモ』
（大島かおり訳、岩波書店、1976年より）

起源、未来、意味への問い

第9章　世界のはじまりとおわり

　この宇宙*、地球と人間はどこから来て、何のために存在しているのでしょうか。このことを、すでにたくさんの民族が考えてきました。この問いに対する答えは、それぞれの民族が信仰する宗教の神話*の中にあります。今日まで語られ、信じられている神話の中に。

　2500年以上前、古代ギリシアの人たちはこの問題を理性*で解こうと試みました。その時、哲学*が誕生したのです。後にこの哲学から、現代の自然科学が発達します。しかし、科学も哲学も宗教も「世界と人間はどこから来て、何のために在るのか」という問いに対して、決定的な答えを出せていません。

　一番良いのは、あなたがたが自分でそのことについて考えることです。つまり、哲学的に深く考えてみましょう。そしてその際に、神話や科学が出した答えも考慮してください。この章ではあなたがたが深く考えるのをお手伝いし、いくつかの説明を加えます。けれどももちろん、決定的な答えがあるわけではありません。

地球と宇宙はどこから来たの？

神様（たち）が世界を創（つく）ったの？
それとも世界は偶然（ぐうぜん）発生したの？

どうして地球上には生き物がいるの？
人間はどこから来たの？

人間には何か使命（しめい）があるの？

世界の終わり、時間の終わりはあるの？

時間って一体何？　永遠ってどういう意味？

1　左のページの「なぞなぞ」の答えがわかったら、すぐに答えを言わずに、その答えの絵をかいてみましょう。

2　吹（ふ）き出しの中の問いについて、話し合いましょう。意見を交換して、哲学的な問いをほかにも見つけましょう。

1. 時間について深く考える

時間——時間とは何でしょう？

一人ひとり、静かに、上の写真を見てください。
きっと色々な考えがあなたがたの頭をよぎることでしょう。
　①それぞれの写真を見て思ったことを、キーワードにして書き出しましょう。
　②それぞれの写真に、タイトルをつけてみましょう。
　③それぞれの写真と他の写真との間に、どんな関連性があるか説明しましょう。
まずは一人で作業をして、その後、クラスメートと意見交換しましょう。

> **学習方法：声を出さずに筆談してみよう**
>
> 　あるテーマや問題について深く考えている人の頭には、思い浮かんでいるアイディアがあります。これらのアイディアや考えははかなくて、とどめておくことができません。声を出さずに筆談すれば、アイディアや、考えを深めていくことに集中できるかもしれません。こうして、哲学的に深く考える道が開かれるでしょう。
> - グループを作りましょう。
> - 大きな紙と鉛筆を使って、紙の上の方に質問を一つ書いてください。たとえば、「時間って何？」など。今から、決して話してはいけません。
> - グループの中の一人が答えを書きましょう。その生徒は、紙に書かれた質問（たとえば「時間って何？」）に答えなければなりません。そして次の人も答えを書きます。その時、自分自身の考えやアイディアを書くと同時に、前の人の答えに注意し理解しましょう。こうやって、声を出さない「会話」を進めていきましょう。
> - 感じたこと、観察したこと、いわゆる「格言」などをメモし、ちがう色でしるしをつけても良いでしょう。文を最後まで書かなくても大丈夫です。時には単語だけでも、省略しても、記号だけでも十分です。考えやアイディアをすべて書き出すようにしましょう。この「会話」では、決して口を開きません。ただし始める前に、どれくらいこの「会話」を続けるか、決めておいてください。

『モモ』のなぞなぞ

三人のきょうだいが、一つの家に住んでいる。
ほんとはまるでちがうきょうだいなのに、
おまえが三人を見分けようとすると、
それぞれたがいにうりふたつ。
一番うえはいまいない、これからやっとあらわれる。
二番目もいないが、こっちはもう家から出かけたあと。
三番目のちびさんだけがここにいる、
それというのも、三番目がここにいないと、
あとの二人は、なくなってしまうから。
でもそのだいじな三番目がいられるのは、
一番目が二番目のきょうだいに変身してくれるため。
おまえが三番目をよくながめようとしても、
そこに見えるのはいつもほかのきょうだいだけ！

〔ミヒャエル・エンデ『モモ』
（大島かおり訳、岩波書店、1976年より）〕

1　『モモ』のなぞなぞに出てくる三人のきょうだいとは、誰のことですか？

2　このなぞなぞは最後に、ある秘密を教えてくれます。「さあ、言ってごらん、三人はほんとは一人かな？　それとも二人？　それとも――だれもいない？」あなたがたはこのなぞなぞの続きを解くことができますか？

> 「時間とは何でしょうか？　聞かれなければ、答えはわかっています。でも誰かに説明しようとすると、わかりません」まだ中世という時代が始まる前、キリスト教徒の哲学者であるアウグスティヌスはこう書きました。時間を説明するのは難しいですが、これだけは確かです。時間は、世界で起こることすべての基礎になっていて、世界に絶え間ない変化をもたらします。時間がなければ、世界の始まりも終わりもありません。

2. 時間のイメージ

ヒンドゥー教徒の「時間」

インドにいる人の多くはヒンドゥー教徒で、よく「ヒンドゥー教」と呼ばれるヴェーダ教を信仰しています。この宗教では、生まれること、命、移りゆくもの、すべてを永遠の循環(じゅんかん)として表現します。

牛はインドの人にとって、ただの便利な動物ではありません。牛は命を代表するシンボル*で、敬い、守るべきだと考えられています。

宇宙*は、創造主ブラフマンによって創られました。ビシュヌ神(守りの神)とシヴァ神(破壊の神)が話し合います。破壊から、新しい命が生まれます。ですからシヴァ神は、破壊神であるとともに創造神なのです。この三人の神々は皆、すべての裏にいる最高神の別のかたち、または一部です。

創造、破壊、そして新たな創造という循環は、このように流れていきます。古い宇宙が破壊されたあと、巨大な海以外は何もありません。この海の上を大蛇(だいじゃ)アナンタに乗って、ビシュヌ神が移動します。その霧(きり)から蓮(はす)の花が育ち、そこからブラフマンが生まれるという人もいます。

ブラフマンはどうやって世界を創るのでしょうか？ブラフマンは寂しかったので、自分を二つにわけ、男性と女性を創ったという人もいます。そして二人はまた一緒になって、人間が生まれました。同じようにして、ブラフマンはすべての生き物を創りました。こうして、最高神からすべてが生まれたのです。そしてこの宇宙の最期の時には、すべてまた最高神のもとに戻るのです。なぜなら、この宇宙、この世界、そしてブラフマンはシヴァ神に破壊されるからです。それまであった宇宙と、これからできる宇宙と同じように。そしてこの輪廻(りんね)は続いていくのです、永遠に。

（エスター・ビヤット、マルティン・パルマー）

踊るシヴァ神。いつも創造的な動きをしているシヴァ神は、絶え間ない生成と消失を表しています。シヴァ神の破壊的な力は、生命の循環（輪廻）がまた最初から始まるのを助けます。

ユダヤ教徒とキリスト教徒の時間の流れ

ユダヤ教徒、キリスト教徒、ムスリムは、ヒンドゥー教徒とちがい、世界には始まりと終わりがあると信じています。世界の始まりと終わりについて、ユダヤ教徒とキリスト教徒は聖書の創世記を引き合いに出します（1.モーセ 1-2, 4a, 聖書「創世記」参照）。創世記では、世界が創られた一週間について語られています。神様は、自分が創造したものすべてを見て、とても満足していました。人間を創造したことについても。人間は6日目に作られ、それが創造のクライマックスでした。7日目、神様はお休みしました。そして、すべての地球上の生き物が揃ったのです。しかし聖書は、この世界の終わりについても語っています。その日まで、人間は地球上で自分の力で生きていけるし、生きるべきなのです。

キリスト教とイスラームの考えでは、すべての時代が終わった後、人は神の審判を受けなければなりません。ユダヤ教徒、キリスト教徒、ムスリムは、平和と正義の時代は終わり、今まであった世界は変わると信じています。

また、わたしたちの惑星システムは何百万年かのうちに太陽の爆発によって終わるのではないか、と近代の自然科学も世界の終わりを予想しています。

聖書巻末の書にみる未来

「わたしはまた、新しい天と新しい地を見た。最初の天と最初の地は去って行き、もはや海もなくなった。（中略）神は自ら人と共にいて、その神となり、彼らの目の涙をことごとくぬぐいとってくださる。もはや死はなく、もはや悲しみも嘆きも労苦もない。最初のものは過ぎ去ったからである」。

ヨハネの黙示録　21章

最後の審判の際のキリスト　本の挿絵　1490年

1 ヒンドゥー教徒（インド）とキリスト教徒（ヨーロッパ・アメリカ）の時間のイメージを、絵に描いてみましょう。

2 異なる宗教の人、または神様を信じていない人たちは、世界の始まりと終わりについて、どんなイメージを持っているのでしょう？　インターネットを使ったり、インタビューをしたりして調べてみましょう。

3 この二種類の時間のイメージは、人生や生活にどんな影響を与えるのか、考えてみましょう。キリスト教の影響が強いヨーロッパに比べ、インドでは長い間、個人の成功や順調な人生はそれほど大切ではありませんでした。どうしてでしょう？

2．時間のイメージ

鍾乳洞〔マヨルカ島ドラック洞窟〕

時間には終わりがあるの？

　ポールのクラスは、長期休暇の直前に遠足に行きました。目的地は鍾乳洞です。みんなが鍾乳洞から出てきた時、ポールは鉱山の係の人が説明してくれたことを思い出していました。みんなはライトアップされた大きくて色鮮やかな石の前に立っていました。石が下から上に成長していく場合は、「石筍」と呼びます。そして、石が雫のように、上から下に成長していく場合は「鍾乳石」と呼びます。

　石筍と鍾乳石が出会うと、鍾乳石柱ができます。

　このような鍾乳石柱ができるまでには、何千年も、時には何百万年もかかると、鉱山の係の人は子どもたちに説明しました。石筍は、一年に0.1 から 0.3 ミリメートルしか成長しません。ポールは計算して、約2000年で20 センチメートル石が成長するのだとわかりました。それでは、一体どれくらい長い時間をかけて、ここにある石は成長してきたのでしょう。想像できません！ポールはそれでも挑戦しました。ポールは今11歳です。お母さんは38歳。お父さんは41歳。ポールのおばあちゃん、つまりポールのお母さんのお母さんは来週60歳になります。おばあちゃんのお母さんは82歳です。「すごく古い！」とポールは思います。けれども、石筍は百年成長しても、ほとんど見分けがつきません。

　オットーおじいちゃんはもう亡くなっています。「永遠に」とおばあちゃんは言います。ポールは、地球上の人間の生は、いつも、いつか終わりが来るのだと理解しました。けれど、もしかしたら、その永遠の中に続きの人生があるのでしょうか？　それはどんな感じでしょうか？　そしていつか世界にも終わりが来るのでしょうか？　そうしたらもう何もないのでしょうか？　そうかと言って「何もない」とはどういうことでしょう？　そしてそれはいつ来るのでしょう？　ポールの頭の中で色々な考えがグルグル回ります……。

教科横断的学習（地学の学習と関連）：鍾乳洞

　ドイツと中央ヨーロッパで、鍾乳洞はどのように発生し、広がっていったのか調べてみましょう。石筍の成長はどうしてそんなに遅いのでしょうか？　あなたがたの近くにある鍾乳洞に行ってみるのもいいですね。

「時間のベルトコンベアー」というたとえ

時間のベルトコンベアーから離れると、わたしたち皆にとって永遠が始まります。永遠を想像するのは難しいですね。もしかしたらこんな感じでしょうか？

何千年かに一度、一匹の鳥が大きな山にやってきます。鳥は山の頂上にとまります。そこで鳥は、短く、速い動きをしてくちばしを研ぎます。そしてまた鳥は飛んでいきます。このようにして、鳥がこの山を全部切り崩したら、永遠のうちの一秒が過ぎます。

1　左ページのポールが考えそうな問いをさらに書き出してみましょう。または皆さんが今までに疑問に思ったことでもかまいません。

2　問1で書き出した問いを、科学的に解答できる問題と、神秘的な問題に分けてみましょう。それから、他の人を説得できるような、一般的に通用する答えを見つけるよう試みましょう。

3　自分で絵を描くか、たとえを用いて、永遠を表現してみましょう。

あなたがたは、二つの根本的に異なる時間の解釈を学んできました。一つ目は、インドの時間に関するイメージであり、永遠にめぐる輪廻、つまり循環する時間の理解です。二つ目はユダヤ教とキリスト教の時間の解釈です。この解釈では、次々に起こる出来事の流れのなかに、始まりと終わりがあると見ます。つまり時間を直線的に理解します。

現代の自然科学が、何百万年後かに起こり得る世界と太陽系システムの終わりを予測する場合、その根底には、ユダヤ教、キリスト教の時間の理解があります。しかし、その後時間は止まるのでしょうか、また「永遠」の中にある「命」とはどのようなものなのでしょうか。これらに関しては今のところ科学的な答えが出せていません。

【図書案内】
アクセル・ハッケ『ちいさなちいさな王様』（講談社、1996年）

3. 神話は語る
――世界と人間はどこから来たの？

地球と最初の人間を創ったのは誰？

<u>1</u> 地球と人間はどこから来たのでしょうか。意見を書き出し、他の人の意見と比べてみましょう。

神話*は、神秘*な物語です。人間や民族に関する神話は、人間と世界がどこから来て、どこに行くのか、地球上に生きる人間の使命とは何なのかを説明しています。

180ページ
ユダヤ教←

紀元前10世紀と9世紀、イスラエル王ソロモンの宮廷にいた歴史家は、最初のユダヤ人創世記を書きました。その中で、神は主と呼ばれているため、その創世記は主の創世記と呼ばれています。その物語はヘブライ語の聖書の中にあります。キリスト教では「旧約聖書」と呼ばれるものです、6日間の創世記に続く物語です。コーラン*にも、楽園と神（アッラー）による人間の創造について書かれています。

（4）主なる神が地と天とを造られた時、（5）地上にはまだ野の木も、野の草も生えていなかった。主なる神が地上に雨をお送りにならなかったからである。また土を耕す人もいなかった。（6）しかし、水が地下から湧き出て、土の面をすべて潤した。

（7）土（アダマ）の塵で人（アダム）を形づくり、その鼻に命の息を吹き入れられた。人はこうして生きる者となった。（中略）

（15）主なる神は人を連れて来て、エデンの園に住まわせ、人がそこを耕し、守るようにされた。

（16）主なる神は人に命じて言われた。「園のすべての木から取って食べなさい。（17）ただし、善悪の知識の木からは、決して食べてはならない。食べると必ず死んでしまう」。

（18）主なる神は言われた、「人が独りでいるのは良くない。彼に合う助ける者を造ろう」。

（19）主なる神は、野のあらゆる獣、空のあらゆる鳥を土で形づくり、人のところへ持って来て、人がそれをどう呼ぶか見ておられた。人が呼ぶと、それはすべて、生き物の名となった。

（20）人はあらゆる家畜と、空の鳥、野のあらゆる獣に名を付けたが、自分に合う助ける者は見つけることができなかった。

（21）主なる神はそこで、人を深い眠りに落とされた。

楽園のアダムとイブ（1610年頃）、イスタンブール

人が眠り込むと、あばら骨の一部を抜き取り、その跡を肉でふさがれた。

(22) そして、人から抜き取ったあばら骨で女を造り上げられた。主なる神が彼女を人のところへ連れて来られると、

(23) 人は言った。「ついに、これこそ、わたしの骨の骨、わたしの肉の肉。これをこそ、女（イシャー）と呼ぼう。まさに、男（イシュ）から取られたものだから」。

(24) こういうわけで、男は父母を離れて女と結ばれ、二人は一体となる。

(25) 人と妻は二人とも裸であったが、恥ずかしがりはしなかった。

創世記 第2章 第4節から第25節

1. この主の創世記を書いた人物は、世界の始まりの状態を砂漠のようなものだと想像していました。神からの最初の恩恵は、水です。
2. 人間が動物に名前をつけるということは、動物に対する人間の支配のしるしです。
3. のちに、アダムはその女性のことをイブと名付けます。

フーゴー・ファン・デル・グース作
『堕罪』1470年頃

2. 主の創世記から、世界と人間のはじまり、人間と自然の関係について何がわかりますか？

3. 主の創世記の基礎にある、男性と女性の関係はどのようなものか説明しましょう。物語の中では、二人の共同生活はどのように描かれているでしょうか？（24節参照）

4. 聖書の楽園の話の続き（創世記第3章）を読んで、上の絵画（フーゴー・ファン・デル・グース作）が、物語のどの瞬間を描いたものかを確認しましょう。

5. コーラン*の楽園の物語も読んで、聖書の話と比べてみましょう。（例 スーラ第2章、第29－39節、スーラ第20章、第115－第123節）

> 「まこと神こそ、おまえたちのために地にあるものをすべて造りたまい、それから天に昇ってそれを七つの天に造りあげたもうお方」。
> 　　（『コーラン』スーラ第2章 第29節）

3. 神話は語る――世界と人間はどこから来たの？

世界と人間のはじまりについて、アフリカのヨルバ族には、次のような創世物語があります。この物語は、人間は自然とどう向き合っていくべきなのかも伝えています。

大地は誰のもの？

枝の上のカメレオン

最初は、乾いた土地はありませんでした。水と沼があるだけでした。最高神オロルンは、肥沃な大地を作ることに決めました。オロルンは別の最高神、オリシャ・ヌラを呼び、土を入れたかたつむりの殻と、5つの爪を持つ雌鶏をわたしました。オロルンはオリシャ・ヌラに、地上にしっかりとした土地を作るよう命じました。オリシャ・ヌラは、勢いよく踏み出しました。

途中で、オリシャ・ヌラはお祭りをしている何人かの神様に出会いました。オリシャ・ヌラも一緒にお祝いをし、酔っ払って寝てしまいました。オリシャ・ヌラの弟、オドゥドゥワは、オロルンの命令を聞いていたので、兄のオリシャ・ヌラが寝ているのを見て、土と雌鶏を取り、天から舞い降りました。オドゥドゥワは、自分の下にある水に、土を投げ入れ、その上に雌鶏を置きました。雌鶏は足をばたつかせ、土が広がっていきました。そして大きな乾いた土地が出来上がったのです。

オドゥドゥワは、カメレオンに土地を調べるよう命じました。カメレオンはゆっくり、注意深く足をその土地の上に乗せました。最初、カメレオンは、土地はまだ十分に乾いていないと報告しました。そのため、オドゥドゥワはもう一度雌鶏を土の上に乗せ、雌鶏はまた足をかきました。もう一度、カメレオンは土地を調べました。そして今度は問題無いと報告しました。

オドゥドゥワは、人間が使えるように、木々やその他の植物、動植物のための林木の種を植えました。その時、オリシャ・ヌラが目を覚ましました。オリシャ・ヌラはすでに世界が創られているのを見て、誰がやったのかを知るために地上に降りてきました。オドゥドゥワに出会ったオリシャ・ヌラは、オロルンから世界を創造するよう命じられたのは自分なのだから、この世界は自分のものだと言いました。オドゥドゥワはしかし、納得できません。二人は戦い始めました。これを見たオロルンは、ケンカを止めるよう命じ、オドゥドゥワが世界の王であると決めました。この世界を創ったのは、オドゥドゥワだからです。オリシャ・ヌラはその代わり、オロルンが命を吹き込む人間の身体を形作るよう命じられました。オロルンは人間と共に暮らすよう、二人の神を地上に戻しました。オロルンはまた、雷神を一緒に地上に送りました。雷神は、二人の神と人間との間が平和であるよう働きます。オドゥドゥワは、世界の創造を始めた場所、イフェに家を建てました。ここは今でも多くのヨルバ族にとって、聖なる場所です。

(エスター・ビヤット、マルティン・パルマー)

登場する神
オルロン：最高神
オリシャ・ヌラ：世界の創造を命じられた神
オドゥドゥワ：オリシャ・ヌラの弟

ヨルバ族の世界

　ヨルバ族はナイジェリアに住んでいます。ナイジェリアでは、乾いた土がとても大切です。特に海岸地域では、大雨、沼地、氾濫が多いためです。

　ヨルバ族は大きなグループで、独自の宗教を持っています。最高神として、天の神オロルンを信仰しています。その他にもオロルンの下には神様たちがいて、なかには人間に関することを担当する神様もいます。ヨルバ族にとっては、土地の創造は人間がいつ生まれたかより大切です。ですから、ヨルバ族は自分たちが住んでいる土地にとても敬意を払っています。ナイジェリアは石油が発見された後、急速に発展し、従来の生活を送っている人たちは田舎にしかいません。それでも多くのヨルバ族は古い信仰を守ってきました。

ナイジェリアの石油は富を生みます。けれども、ひどい環境問題も引き起こしています。

1　アフリカの地図を広げて、ナイジェリアを探してみましょう。ヨルバ族の土地はどんな気候か説明しましょう。

2　ヨルバ族の信仰では、ある動物たちが特別な力を持っています。ヨルバ族の創世物語の中で、にわとりとカメレオンはどんな特性を持っていますか？　また、人間と人間、人間と自然はどう付き合っていくべきでしょうか？　想像してみましょう。

3　最初のヨルバ人の後の、人間の道のりを描いてみましょう。

4　ヨルバ族にとって、古い信仰はますます大切になってきています。なぜでしょうか？　このページの写真も考慮して、理由を探しましょう。

5　ヨルバ族は、人間は土地を買うことも、売ることもできないと信じています。土地は神様のもので、神聖だからです。信仰深いヨルバ族にとって、最近の気候異変の原因は、何だと思いますか？

6　考えましょう。大地は誰のものですか？　「聖なる地」とはどんなものだと思いますか？

3．神話は語る──世界と人間はどこから来たの？

ヨースタイン・ゴルデルが書いた『ソフィーの世界』という有名な本の中で、ソフィーは一通の手紙をもらいます。手紙には、世界はどこから来たの？　という質問が書いてありました。「わからないわ」ソフィーは思いました。「誰か知ってるのかしら？」でも、この不思議な問いをソフィーは忘れることができませんでした。「実はこれはみんなが考えなければいけない問題だわ」ソフィーは生まれて初めてそう思いました。手紙の裏側に、ソフィーは答えを見つけました。そこには、何と書いてあったと思いますか？

> **伝説**：詩的に書かれた大昔の言い伝えのこと。たいていの伝説には、有名な人物や場所が登場します。

どの神様が一番強い？

古代ギリシアの伝説によると、人間はティタン神族のプロメテウスによって、粘土から作られました。プロメテウスはゼウスに倒された古い神族の出身でした。ゼウスは姉の「ヘーラー」と結婚し、天の「オリンポス」を神々の居所としました。ゼウスはそこから他のすべての神々、そして地上の人間を支配しました。しかしその前に、ゼウスは世界の支配権のために戦わなければなりませんでした。10年もの間、自分の父親「クロノス」とティタン神族と戦いました。けれども、ティタン神族とは一体誰だったのでしょうか？　どうしてゼウスとその父クロノスの戦いに参加したのでしょう？

時間は、いつもそこにあったわけではありません。時間の前は、混沌が世界を支配していました。はじまりも終わりもない、ぽっかりあいた穴です。混沌は霧でできていました。そして混沌の底には、生き物の構成要素がありました。土、水、火、そして空気です。そこから最初の女神、ガイアが生まれました。彼女の力は、エロス、愛でした。ガイアは自分自身から、空、山、海を創りだしました。けれども、世界はまだ完全ではありませんでした！ですから、大地の母ガイアは息子のウラノスと結婚し、ティタン〔巨神〕やキュクロプス〔一つ目の巨人〕や百本の手を持つ怪物が生まれました。ウラノスはその子どもたちに怒り、ほら穴に閉じ込めてしまいました。ガイアは復讐をします。ガイアは末っ子のクロノスを説得し、権力を握るよう仕向けます。クロノスは父親を倒し、地下に追放します。

> **クロノス**
> ギリシア神話の中の「クロノス」は、「時間の父」としても崇拝され、よく砂時計と一緒に描かれます。「クロニクル」（年代記、出来事を記したもの）や、「クロノメーター」（ゼンマイ時計）という言葉は、今でもクロノスを連想させます。クロノスは息子のゼウスに倒されます。

しかし、クロノスは不安でした。「お前がこうやってわたしを王位から追放したように、おまえもいつか自分の息子に王位を奪われるだろう」と、怒った父親のウラノスが予言したからです。不安から、クロノスは妻のレアーが産んだ自分の子供たちをすべて飲み込んでしまいました。そこでレアーは知恵を働かせ、クレタ島のほら穴の中で、一人息子を産みました。そして、赤ん坊と同じくらいの大きさの石を布で包み、それをクロノスに渡しました。クロノスはそれを息子だと思って飲み込みました。

　このようにして、ゼウスは生き延びました。後にゼウスは、オリンピアの神々と地上の人間を支配します。ゼウスは予言を実現し、自分の父親を殺しました。殺す前にゼウスはクロノスに魔法の薬を飲ませ、飲み込まれた子どもたち——つまり、ゼウスが支配することになる神々——を取り出しました。

ヨハン・ハインリヒ・フュースリー（Johann Heinrich Füssli）作『プロメテウスとわし』

1　ギリシアの神々の家系図をつくり、どうやってプロメテウスが人間を創ったのか調べましょう。

2　文中に出てこない、ほかの古代ギリシアの神様を知っていますか？　それらの神様たちにも物語があります。調べてみましょう。何人かの神様は、上の図でわかります。

3　古代ギリシア人たちは、自然とどのようなかかわりを持っていたのでしょうか？

　ギリシア人が約3000年前に世界の誕生を説明した物語では、神々がはげしい戦いを繰り広げていました。その戦いから、人間は生まれました。創世の物語は、ほかの文化にもみられます。例えば、ヘブライ語の聖書はたった一人の神様が世界を創ったと伝えています。
　今日、多くの人にとって宗教的神話は童話のようなものです。けれどもほかの人にとっては、神話は今でも真実です。たとえそれが、科学の成果とは違っていたとしても。

4. すべてはどのようにつながっているの？

陰と陽

古代中国では、宇宙は大きな生き物のようなものだと思われていました。あなた自身の体のように、宇宙も常に変化し、宇宙を構成する土、空、動物、人間もたがいに影響し合います。

すべての変化の源は、根源的な力である「陰」と「陽」です。「陽」は活動的で明るい力、「陰」は消極的で、暗い力です。古代中国の考えでは、この二つの力はお互いに補い合い、この二つの力が合わさることではじめて、わたしたちが知っている世界が生まれます。たとえば、一年の季節の移り変わりなどです。夏は「陽」の力が一番強く、秋になるとその力は弱くなります。「陰」の力は冬に一番強く、春になると活動的で創造的な「陽」の力が働くよう、「陰」の力は弱まります。

科学と自然の法則

自然科学者も、長い間宇宙の根源と性質について考えてきました。現代ほとんどの科学者は、宇宙と時間は大きな爆発によって生じたと考えています。「ビッグ・バン」により、信じられないくらい熱いエネルギー物質が生まれ、それが空の空間に放り込まれました。何億年もかけて、その物質は惑星と太陽に丸まっていきました。こうして丸まったうちの一つが、地球だそうです。地球は他の惑星たちと、別の丸まったもの、つまり太陽のまわりを回ります。

科学者は、地球と宇宙が一つの大きな生き物で、その中には研究不可能な力が働いている、とは思っていません。400年以上も前から、科学者は宇宙と生命の誕生を、数学的に説明可能な自然の「法則」によるものだと考えています。

しかし今日でも、科学者の間では意見が分かれています。世界、あらゆる生物の誕生、そしてそのバランスを、自然の法則だけで説明できるのでしょうか？ それとも何か高次の、超自然的な「偉力」や「力」が働いているのでしょうか？

「自然の本は数学という言葉で書かれている。その言葉の文字は、三角形、円、そしてそのほかの幾何学図形だ」。
物理学者、ガリレオ・ガリレイ
（1564～1642年）

世界のはじまり
——科学的観点から

「惑星は重力のため、太陽のまわりを回っている。月は海を引き上げ、それによって満潮と干潮がおきる。ぼくたちを海から引き上げ、ものを見る目と、考える頭を与えた力もあるんじゃないかって、思わないかい？」

ヨースタイン・ゴルデル『誰かいるの？』の中のミカの言葉

1 対立する二つの力「陰」（黒）と「陽」（白）は、あなたの日常生活にどのように影響していますか？　家やクラスの中の陰陽のバランス、アンバランスを絵に描いてみましょう。そしてグループごとに、それぞれの絵の似ているところ、違うところについて話し合いましょう。

2 あなたがた自身は、どのように世界のバランスができ上がったと思いますか。紙に書いてみましょう。筆談してもかまいません。

3 現代科学の世界のイメージと、古代中国の世界のイメージとは相反するものでしょうか。自然の法則と、別のエネルギーがもたらすものとを調和させることはできるでしょうか？話し合いましょう。

4 両者の世界の解釈は、世界との接し方にどのような影響を与えると思いますか？　考えましょう。

　自然科学の解釈では、わたしたちの世界は物質＊とエネルギーから出来ています。物質とエネルギーは、自然の法則に従い、長い時間をかけて秩序あるバランスに達しました。一方、古代の、あるいは現代のいくつかの哲学では、世界の中に大きな生命体＊があると考えられています。そしてその大きな生命体は、科学では研究できない力の影響を受けていると。それに対して信仰を持つ人は、世界は神によって創られたとみなしています。

4．すべてはどのようにつながっているの？　　175

5．知識の限界

　世界のほとんどのことは、科学による説明がなされ、科学の影響を受けています。しかし、科学が盛んになる時代より前にもたらされた神話は、ファンタジーとしては受け入れられていますが、なかなか信じられていません。科学と神話はそもそも、同じ問いに答えようとしているのでしょうか？

1　この章で紹介されている神話を、もう一度自分の言葉で語ってみましょう。それぞれの神話が世界と人間のはじまりについて語っていることを、比べましょう。また、あなたがた自身の考えとも比べてみましょう。

光を分けることで見える、7色の色（虹色）

虹――「神の約束」の象徴

虹をめぐる論争

　自然科学者によると、虹は太陽の光が雨粒の上に注ぐと生まれます。光は水滴に入る時に屈折し、水滴の中で反射し、また水滴から出る時に屈折して、やっとわたしたちの目に届きます。その過程で、もともと白かった太陽の光が、混ざり気のない原色に分解されます。色のならび方はいつも同じです。外側から赤、オレンジ、黄、緑、青、そして内側が紫です。

　一方、神話では、虹は神とともにある人間の歴史を思い起こさせます。神は人間と契約を結び、人間を見守ると約束しました。虹は、神が弓を退け、二度と地上に洪水をおこさないことを示しています。そうでなければ、どうして虹は天から地上に達しているのでしょうか。そして神のほかに誰がこんなに美しいものを創れるのでしょうか？

2　上の二つの説明は、それぞれ異なった問いに答えようとしています。どんな問いでしょうか？

神話って本当のこと？

　「神話に書かれていることは、全然正しくないよ。ぼくたちはみんな、虹は太陽の光が屈折することによって出来るって知っているし、人間はプロメテウスから炎をもらったんじゃなくて、自分で発見したんだって、知っているんだから」。

エンリコ、11歳（生徒）

　「神話には人の心が映し出されています。神話は、その文化にとって何が大切で、何を持続させたいのかを物語っています。神話は人間がどう行動すべきかの目安を示していて、それは最初から適切であり、今でも適切なことなのです。神話には、人間の最も重要な理想が表れているのです。その理想を、人間は大事に扱う必要があります。なぜなら、神話は日常生活では気づかれない本当のことを示しているのですから」。

神話の専門家、フーベルトゥス・ハルプファス

3 フーベルトゥス・ハルプファスは、エンリコの意見に対して、どのように答えると思いますか？　どうしてエンリコの意見は、神話の専門家と同じくらい正しいと言えるのでしょうか？

4 この章で見てきた神話では、時間と世界の誕生、それから人間の使命について、どのように語られていますか？　神話の中で、本当かもしれないと思うことを説明しましょう。

人間が今まで見たこともない世界への旅

プロジェクト：宇宙への思考の旅

『スタートレック』のように、宇宙船に乗って飛び立つ想像をしてみましょう。まず始めにあなたがたは、宇宙飛行機に乗って、地球の軌道上にある宇宙ステーションまで連れて行かれます。そこで宇宙船に乗り込み、わたしたちの地球『青い惑星』を振り返ります。

- 宇宙への旅で嬉しいことや悲しいことはどんなことでしょうか？　考えを箇条書きにメモしましょう。
- 地球の守るべき良い点はどこだと思いますか？　リストを作りましょう。

さて、これから旅が始まります。しばらくすると、あなたがたはある惑星にたどり着きます。地球と全く同じように見えて、地球と全く同じ生き物が住んでいます。この地球と双子の惑星は「ツヴェルデ」と言います。ツヴェルデの環境、動物、人間は、地球の自然、動物、人間と全く同じように見えます。それどころか、みんな同じ性質と能力を持っています。技術的にも、ツヴェルデの人間は地球の人間と同じくらい進歩しています。ただ、一つだけ地球と違う所があります。ツヴェルデの人たちは、お互いに平和に、そして自然と共存して生きることに成功しました。

あなたがたはツヴェルデの宇宙人の文化を学んだ後、ふたたび飛び立ち、地球の軌道上にある宇宙ステーションに到着します。

- どうしてツヴェルデの人たちは、あなたがたが見てきたように生きられるのか考えてみましょう。どうしてツヴェルデの人たちは、わたしたち地球人のような過ちを避けることができたのでしょうか。そのために必要な規則や政策をあなたがたで考え、まとめましょう。
- ツヴェルデの生活や文化について報告しましょう。地球人がこの見知らぬ人たち〔ツヴェルデ人〕に会ったら、どんな反応をするでしょうか？　また逆に、ツヴェルデ人が地球人に会ったら、どんな反応をするでしょうか？　想像してみましょう。

あなたがたが完全に戻ってきたら（「教室に着陸」したら）、今までに集めた結果をもとに、次の問いを考えましょう。

- 地球を維持するために、わたしたちが将来一緒にとりくまなければならないことは何でしょうか？
- 政治に対する要求をリストにしましょう。そのリストを学園祭やオープン・スクールの日に発表し、外部の人ともそのことについて話し合いましょう。

宇宙へのまなざし
（「星の幼稚園」）

【図書案内】
ミシェル・レミュー『永い夜』（講談社、1999年）
ヨースタイン・ゴルデル『ハロー？』（日本放送出版協会、1997年）

起源、未来、意味への問い

第10章　さまざまな宗教の生活と祭り

1. この見開きのページに描かれている人物、建物、シンボルについて、各自が思い浮かんだことを書きましょう。

2. 続いて、小さなグループに分かれ、描かれている聖職者をそれぞれの礼拝堂に当てはめてみましょう。

3. みんなで一緒に、先生の助けを借りて、聖職者と礼拝堂の正しい名称を見つけましょう。

4. 描かれている宗教の代表者にたずねたい質問を書き出しましょう。質問をする際には、それぞれの宗教での祭りや日常生活に必ず目を向けましょう。

1. ユダヤ教

ユダヤ教の聖書の重要な部分である律法（トーラー）が礼拝で読まれます。

ユダヤ教の起源

ユダヤ教の聖書は、約1000年の時間をかけて成立しました。教育を受けたユダヤ教徒の男性たちが、数百年にわたって口頭で伝わってきた物語を最終的にヘブライ語で書き記しまとめました。紀元前300年頃に、収集を終えました。人々の神との経験、人々が何を体験し、人々がそれをどのように受け止めたのかを、この聖書は物語っています。

聖書の章句、物語、歌は、世界の始まり、つまり神がどのように天と地を創造したのかを伝えています。今日のイスラエルである新しい土地に定住するために、神の言葉を信じて故郷を去った遊牧民のアブラハムについて物語っているのです。また、ユダヤ教徒の先祖であるヘブライ人*「(放浪の民)」がエジプトでどのような弾圧を受けたか、またどのようにしてモーセとともに自由への道を見つけたかを物語っています。

ヘブライ語聖書*には、ユダヤ教の信仰の起源について語られてきた伝承や曲のほかに、祈り（詩）や格言も書かれています。

> キリスト教徒は、ヘブライ語聖書*を「旧約聖書」と呼びます。

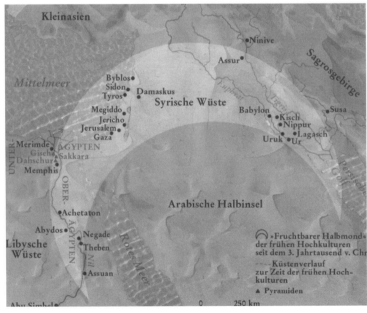

聖書の時代の近東

誰がイスラエルの神なのか？

あるとき、モーセが家畜の群れの番をしていると、燃え上がっている柴を見た。神はモーセに言われた。「わたしは、エジプトにいるわたしの民の苦しみをつぶさに見た。今、行きなさい。この国から、広々としたすばらしい土地、乳と蜜の流れる土地へ導きだすのだ。わたしはある（JHWH）。『わたしはある』という者だからだ」。

イスラエルの人々は、エジプトの国を出て三月目のその日に、シナイ山に到着した。そこで神は民と契約を結んだ。神は人々に慈しみを与えることを約束した。人々はこの唯一の神を信じ、互いを尊重すると約束した。加えて、人々が良い生活を送ることができるように、十の戒を何よりもまず神は人々に与えた。

ところが、モーセがシナイ山に登って十戒を刻んだ石版を受け取っている間、イスラエルの人々は不安を感じた。「エジプトからわれわれを導き上った人、あのモーセがどうなってしまったか分からないのです」すると彼らは、木を使って若い雄牛の偶像を作り、その像を金色に染め、像の周りを踊りながら回った。彼らは、そのような豊穣の神をエジプトにおいても拝んでいたのである。主（JHWH）である、目に見えない唯一の神しか存在しないとモーセが語っていたことを、彼らはすでに忘れていたのだ。

出エジプト記　モーセ五書の第二書より

マルク・シャガール『燃える柴の前のモーセ』

聖書の基礎となる言葉

「聞け、イスラエルよ（Sch'ma Israel）。我らの神、主は唯一の主である。あなたは心を尽くし、魂を尽くし、力を尽くして、あなたの神、主を愛しなさい」。
イスラエルの民の基礎信条、
モーセ五書の第五書（第6章4節）より

「自分自身を愛するように隣人を愛しなさい」。
モーセ五書の第三書
（第19章18節）より

「人よ、何が善であり、主が何をお前に求めておられるかはお前に告げられている。正義を行い、慈しみを愛し、へりくだって神と共に歩むこと、これである」。
ミカ書（第6章8節）より

1　ヘブライ語聖書について知っていることはありますか？　知っていることを出し合いましょう。

2　「金の雄牛の周りで踊る」という物語は、イスラエルの民が目に見えない神を信じることが当初はどれだけ難しかったのかを示しています。モーセがシナイ山から戻ってきた時の物語をロールプレイで演じましょう。ロールプレイでは、対立する立場の両方を役に取り入れましょう。

3　この見開きのページを参照しながら、マルク・シャガールの絵について説明しましょう。

4　「聞け、イスラエルよ」は信仰の篤いユダヤ教徒によって毎日祈られています。神について、またイスラエルについてどのように語られているのかを説明しましょう。

誰が語り、誰が話しかけられているのでしょうか？

5　モーセ五書の第三書（第19章18節）「隣人を愛しなさい」とともに、「二つの愛のおきて」が言われています。この概念について説明しましょう。

1．ユダヤ教　181

ユダヤ教徒の生活

約2000年の間、ユダヤ教徒は自分たちの国を持たず、世界中に散らばって生きています。そのうえ、彼らは「第三帝国」時代のドイツにおいて追放され殺害されたのみならず、キリスト教地域である全ヨーロッパにおいて中世から迫害された少数派でした。彼らを民族として団結させたのは、共通する生活様式でした。多くのユダヤ教徒が、安息日を毎週祝います。安息日は金曜日の晩の日暮の後に始まり、土曜日の晩に終わります。伝承によれば、ユダヤ教徒の先祖であるヘブライ人*が3000年以上前、エジプトでの奴隷状態から自由になった際に、おきてを授かったとされています。信仰の深いユダヤ教徒の女性は、安息日について次のように説明しています。

> 第9章←

6日間にわたって神は世界を創り、変え、改良し、発展させると、7日目に休みました。人間も、7日目は創造に手を付けるべきではありません。

かつては戒めでしたが、我々人間が、今や暮らしている惑星を破壊しかけているのは明らかです。消費や利用を減らす手段を見つけなければなりません。休憩時間が必要なのです。7日目の祝福は、そのことに貢献するでしょう。休みがなく落ち着きのない状態の代わりに、この日は心の中や世界に、静寂と落ち着きを取り戻すのです。

「千年といえども御目には、昨日が今日へと移る夜の一時にすぎません」。
詩篇* 90.4 より

レア・フライシュマン『安息日』より

コーシャを食べる

ユダヤ教の伝統では、日常生活のなかにさまざまな規定があります。たとえば食事を調理する際の規定です。「コーシャ」（ふさわしい状態）の食事では、乳製品と肉製品を同じ食事の時間に食べてはならない、と求められています。これは、聖書の伝統に基づいています。

「なぜ、賢い若者が、数百年前に成立した規定を守っているのかしら？」とユダヤ教徒の女性であるシラ・ベルクは問いかけました。すると、その答えは自然と導かれました。「あらゆる隔たりや破壊を超えて、わたしたちの世代が、前の世代と結びついていることを確認しているのじゃないかしら。それから、これらの多くのささやかなことの中で、神とイスラエルとの特別な関係が祝われているのだわ。この伝統を支えるのが、日常生活や特別な機会を定めた613の戒律のリストなのよ」。

> 136～137ページ←

今日、ユダヤ教徒の多くが、伝承された規定をもはや守っていません。しかし、生き物や地球を尊重するといった、きわめて今日的な原則には、意味があります。「コーシャ」には、今日では次のような意味もあるでしょう。搾取によって生産された食品を食べない、家畜の大量飼育によって生産された肉を食べないなどです。

バル・ミツワーを祝う

バル・ミツワーの行事は、ユダヤ教徒の少年にとって大変重要な意味があります。その時点から、十分な資格を備えた共同体の一員として認められるのですから。ケルン出身のダニエル・Cが、その様子を思い出しています。

> ヘブライ語では、神の名前に関する母音は、書かれることも、発音されることもありません。多くのユダヤ教徒は、神への敬意から、ほかの言語においてもこの言葉の母音を抜かし、たとえばドイツ語では「G'tt」〔Gottのoを抜く〕と書きます。

このとても特別な日は、ぼくの13歳の誕生日の直後の土曜日に開かれました。ただし、すでに9か月前から、ヘブライ語の練習が始まっていたのです。カセットテープの助けを借りて、礼拝の際に披露する節を歌う練習をしたものです。

バル・ミツワーの日は、とても緊張していました。けれど、礼拝の半分が終わり、朗読台の前へ行って1番目の祈りのメロディーを歌い始めると、緊張よりも喜びが大きくなったのです。再びトーラーの朗読のために呼ばれたとき、間違うことなくやり遂げることができました！ その後、男性の

長い行列の真ん中を通って、礼拝堂を進んでいきました。みんなから祝われ、男性から離れた2階席に座った女性たちは、わたしたちに向かって上からアメを投げてきました。シナゴーグにいるすべての子どもたちが走り始め、お菓子を拾い上げていきました。最後の朗読の後、終わりに、ラビがわたしに祈祷書を授け、祝福の言葉を唱えました。引き続いて、礼拝堂のホールでわたしたちは食事をしました。家族の友人が、ほかの国々から旅をしてきた家族の一員にことのほか挨拶をしました。その晩には、市内のチョコレート博物館で大きなパーティーが開かれました。多くの客がわたしを祝い、プレゼントを贈りました。その晩は、食事、音楽、そして踊りつくしました。親しい友人と親戚がわたしのためにスピーチを行い、歌を歌い、わたしのために詩を朗読してくれました。

ユダヤ教徒の少年の人生には、「新たな人生の段階へと導く重要な3日が存在する」と聞いたことがあります。1日目は割礼であり、神との結びつきと人生への導き入れです。2日目はバル・ミツワーであり、成人男性としての承認です。そして3日目が結婚であり、二人の人間の結びつきです。これらの3日のうち、バル・ミツワーは最も美しい日でしょう。なぜなら、1日目は思い出すことができず、3日目はより大きな義務がもたらされるからです。けれども、バル・ミツワーでは、少年だけが一日中みんなの注目を集めるのです。

1	安息日は、聖書ではどのように説明されているでしょうか？（創世記　第1章－第2章4節a参照）
2	定期的な安息日によってどのような結果がもたらされるのかを話しましょう。 現在、安息日をあきらめずに、休むことは可能でしょうか？
3	182ページの「コーシャを食べる」に登場するシラ・ベルクが、ユダヤ教の食事の規定に賛成する理由は何でしょうか？ ユダヤ教の食事の規則に関する最新のリストを作り、ほかの宗教の食事の規定についても調べましょう。賛成の理由と反対の理由をまとめ、食事の規定の意味について討論を行いましょう。
4	バル・ミツワーの祝典と、あなたがたが知っている成人を祝うほかの祭事とを比べてみましょう。

1．ユダヤ教

2. 聖なる都、エルサレム

約3000年前のソロモン王の支配下のエルサレムはこのような外観であったようです（復元スケッチ）。

エルサレムの昔と今

今日、70万人以上の人々が現代のイスラエルの首都に暮らしています。

エルサレムは、4500年前の粘土板にはじめて記録され、約3000年以上前にダビデ王の下、聖書にあるイスラエルの首都となりました。ヘブライ語の「イェルシャラユィム」から派生したその名前には、「シャーローム」、つまり「平和」という語が隠されています。しかしながら、エルサレムのようにこれほど多くの回数にわたって破壊され、再建された都市は、世界でもおそらくほかには存在しないでしょう。

今日の旧市街は、それぞれユダヤ教、イスラーム、二つのキリスト教の特色ある地区から成り立っています。部分的には聖書の時代のなごりも残すそれぞれの礼拝堂や廃墟は、親類とも言える三大宗教にとっての「聖なる都」のもつ意味とともに、それをめぐる争いについても物語っています。

6つの三角形が天地創造の6日間を象徴するダビデの星は、1948年以降、新たに建国された国家であるイスラエルの国旗のシンボルになっています。

エルサレムの現在

> 「10の美しさがこの世に生まれた。エルサレムが9を取り、残りの世界が1を取った。」
> ユダヤ教の伝承より

この都はユダヤ教徒にとってどのような意味を持つの？

世界中から来たユダヤ教徒が、嘆きの壁と呼ばれる、古い神殿の西の壁に集まっています。
祈りを書いた紙片を石の割れ目の間に入れている人もいます。

ローマ時代に2番目に完成した神殿のモデル（一部分）。
ソロモン王が紀元前930年に建てさせた1番目の神殿が、紀元前6世紀にバビロニア軍によって破壊された後、ユダヤ教徒は約70年後に神殿を再び建てました。ローマ人によってもう一度破壊された後、今日では神殿の西の壁だけが残っています。

救世主への望み

深い信仰をもつユダヤ教徒は、救世主（メシア）*あるいは救世主の時代を待ち望んでいます。イスラエルの民に平和と解放をもたらす救世主が到来すると、迫害と軽蔑は止まるのです。それは、すべての民族のための、地球上の「シャーローム」となります。言い伝えによれば、救世主はエルサレムに来て、神殿を再建するはずです。そこから、平和が広がり、全世界に届くのです。

> 「終わりの日に、次のことが起きる。（中略）彼らは剣を打ち直して鋤とし、（中略）」
> イザヤ書第2章より

1 なぜエルサレムはユダヤ教にとってこれほど大きな意味を持つのかという問いに、ユダヤ教徒はどのように答えるでしょうか？

2 世界中のユダヤ教徒が過越の祭りであいさつする際に使う「来年こそはエルサレムで！」という挨拶の意味を説明しましょう。▶エジプトからの脱出を記念する祭り

3 エルサレムの写真を集め、ポスターを作りましょう。ユダヤ教徒にとって特別な意味を持つ場所に目印を付けましょう。

ユダヤ教徒の先祖は、見えない唯一の神を初めて信仰した人々として知られており、それゆえユダヤ教の信仰の根源とされています。世界中のユダヤ教徒は今日に至るまで、先祖の祭事や生活の規則によって、彼らの宗教の起源、とりわけエジプトによる支配からの解放と神との結びつきを思い出します。多くのキリスト教徒とムスリムも住む、今日のイスラエルの首都であるエルサレムは、深い信仰を持つユダヤ教徒にとって、イスラエルの民に平和と解放をもたらす救世主の到来を待ち望む場所なのです。

2．聖なる都、エルサレム

3. キリスト教

新しい宗教の始まり

キリスト教は1世紀に、地中海の東に位置するイスラエルの国で生まれました。地中海周辺の全地域がローマ人によって支配されていた頃のことです。皇帝アウグストゥスは、イスラエルおよびユダヤ教徒の民族をも征服しました。ローマ人は多くの税金と国の生産品をローマへ持ち去りました。その後平和が保たれましたが、大多数の人は不満を持ち、ユダヤ教徒の多くは、ユダヤの民族に自由と本当の平和をもたらす救世主であるメシア*の到来を切望していました。ナザレ出身のイエスは、イスラエルでセンセーションを巻き起こしました。彼の死後、初めのうちは、ユダヤ教徒の少数グループが、この男こそが神から遣わされた救い主であると主張しました。

このようにして、キリスト教はユダヤ教から発展していき、今日では独自の宗教となっています。

ローマの皇帝アウグストゥス。ローマ近郊のプリーマポルタにある彫像。

イエスの時代のイスラエル

ヘンドリック・ホルツィウスの版画『羊飼いの礼拝』の一部（1615年）

この画家は、作品を完成させませんでした。それゆえ、一人ひとりが抱いている幼子イエスを、余白にイメージすることができます。実際にイメージしてみて、イエスの誕生があなたがたにとってどのような意味を持つのかを互いに比べてみましょう。

新約聖書は、主にパウロの書簡と、キリスト（＝メシア）であるイエスへの信仰に関して、伝記の形で書かれた4つの報告書から成り立っています。これらの報告書は福音書（「うれしい知らせ」）と呼ばれており、それぞれの頭に作者の名前が付いています（たとえば、ルカによる福音書）。旧約と新約聖書は、まとめて（キリスト教の）聖書とも呼ばれています。

イエスはユダヤ教徒であり、初期のキリスト教徒はかつてユダヤ教徒でした。ユダヤ教徒とキリスト教徒は今日まで、世界の創造主として同じ神を崇拝しています。キリスト教徒は、ユダヤ教のトーラー*を、聖なる書物である、いわゆる旧約聖書の一部として読みます。さらに、キリスト教徒は独自の聖書を生み出しました。新約聖書です。

キリスト教徒の信仰

キリスト教徒は、メシアであるイエスの誕生と、聖書に載っている信仰の物語について語り合います。クリスマスには、その物語がキリスト教徒の家庭や教会で読まれ、キリスト降誕劇も演じられます。そこでは、キリスト教徒をイエスの誕生と結びつける希望が題材になっています。

クリスマスの歴史

当時、ローマの皇帝アウグストゥスは、国に属するすべての者は、統計の対象となり、税金のために登録されなければならないという命令を出した。そして、すべての者が税金のリストへの登録を行うために、両親の故郷へと旅だった。ヨセフも出発した。ガリラヤのナザレから、ユダヤのベツレヘムへ彼は旅をした。ヨセフは、マリアという名のいいなずけを連れており、マリアは身ごもっていた。二人がベツレヘムに着くと、マリアに出産の時が来た。馬小屋の中で、マリアは一人目の子どもである息子を産んだ。そして子どもを布に包み、飼い葉桶に寝かせた。宿屋にはほかに場所がなかったのである。

近くの平原では、羊飼いたちが夜通し、群れの番をしていた。すると、神の使いである天使が彼らのもとに現れたので、羊飼いたちは非常に恐れた。しかし、天使は彼らに言った。「恐れるな。わたしは、民全体に与えられる大きな喜びを告げる。今日、あなたがたのために救い主がお生まれになった。この方こそメシアである。あなたがたがは、布にくるまって飼い葉桶の中に寝ている乳飲み子を見つけるであろう。これがあなたがたへのしるしである」すると、突然、この天使に天の大軍が加わり、神を賛美して言った。「いと高きところには栄光、神にあれ、地には平和、御心に適う人にあれ」彼らは、羊飼いたちは話し合った。「さあ、ベツレヘムへ行こう。主が知らせてくださったその出来事を見ようではないか」彼らは急いで行って、馬小屋に着くと、マリアとヨセフ、また飼い葉桶に寝かされた乳飲み子を探し当てた。彼らは、ほかの子どもと同じだけれども、唯一無二の幼子を見て圧倒された。羊飼いたちは、その話をほかの人々に伝えずにいられなかった。聞いた者は皆、その話を不思議に思った。しかし、マリアはこれらの出来事をすべて心に納めて、思い巡らしていた。八日たって、ユダヤ教のしきたりに基づき割礼の日を迎えたとき、幼子はイエスと名付けられた。

ルカによる福音書、第2章の現代語訳

1 馬小屋、天使、羊飼いたちをどのようにイメージしますか。文章で表現するか、絵を描きましょう。

2 誕生した幼子が、なぜ平和のしるしであるのかを考えましょう。「世界の救世主」が馬小屋で誕生したとルカが物語っていますが、これはキリスト教の信仰について何を意味しているのでしょうか?

3 話し合いましょう。キリスト教徒ではない人々も含めて、なぜ多くの人々がクリスマスを祝うのでしょうか?

4 マタイも、イエスの誕生と子ども時代を伝えています。マタイによる報告をルカによる報告と比べてみましょう。両者は何を重視しているでしょうか?(マタイによる福音書 第1章18節-第2章23節参照)

> 当時の人々は、名字をまだ持っていなかった。そこで区別するために、「ナザレのイエス」のように、故郷の地名を加えたのである。「キリスト」というまたの名は、イエスが初期のキリスト教徒から与えられた名誉の称号である。これを訳すと、「油を注がれた者」(ヘブライ語:メシア*)という意味になる。ドイツ語では、イエス(JESUS)という名を二格(所有格)で用いる時、たいていの場合、ラテン語の形で「JESU」のように記す(たとえば「JESU Geburt」(イエスの誕生))。

3. キリスト教

神について——わたしの生と死に寄り添っているのは誰?

イエスは、彼が生きた時代の人々に対して、たとえ話（比喩*）を用いて語りました。人々に感銘を与えたのは、イエスが神についてどのように語るかでした。このように語る人はほかにいなかったのです。

イエスは語った。神とは、次のような存在である。

…放蕩生活を送っていた息子を再び受け入れる愛情豊かな父親。
　　　（ルカによる福音書　第15章11-32節）
…迷った羊を群れに戻す親切な羊飼い。
　　　（ルカによる福音書　第15章1-7節）
…誰もが招待しないような人々をも晩餐会に呼ぶ心の広い主催者。
　　　（ルカによる福音書　第14章15-24節）
…すべての者に仕事を与え、同じ賃金を払う雇い主。
　　　（マタイによる福音書　第20章1-16節）

神はイエスにとって雲の上にいる遠く離れた存在ではありません。神には人間の特徴があり、人に近いのです。

死というもの

マルコによる福音書
第11章15-19節←

福音書では、イエスがかつて弟子と友人とともにエルサレムへ旅したことが語られています。多くの人が彼に対して、まるで王に対して行うかのように歓声を上げました。しかし、彼は神について並外れた考えを持ち、彼の考えたおきてを遵守したことで、敵をも生み出していました。イエスは、ユダヤ教の信仰によれば、神が特別な方法で住んでいるとされる神殿に入りました。しかし、イエスがそこで経験したことは、彼を激怒させました。神の家の中で店が開かれ、人々がだまされていたのです。そこでは、神は主人でも、父でも羊飼いでもありませんでした。そこにいた人々は、その場所の神聖さに敬意を払っていませんでした。腹を立てたイエスは、売り手や両替主の売り台や机をひっくり返し、神殿から追い出しました。

イエスのこのような行為や彼の説教、たとえ話、彼が起こした奇蹟は、宗教的な理由があったにもかかわらず、ローマの役人を不安に陥れました。ついには、政治的な反乱者と平和を乱す者として逮捕されてしまいました。弟子と友人は不安に駆られ、イエスを見捨てたのです。ローマの占領軍兵士にとっては、公共の秩序の維持が重要だったのです。短い審理の後に、彼らはイエスに、当時最も残酷な死刑であった十字架刑を言い渡したのです。

> ローマ人は、次のように死刑の理由を十字架に彫り込んだ。INRI－「ユダヤ人の王であるナザレ出身のイエス」というラテン語の省略形である。ローマ人の理解では、ローマの王はユダヤ人の王でもあった。民から王と呼ばれる者は、反乱者とみなされた。

188　第10章　さまざまな宗教の生活と祭り

そして神は沈黙する？

マルコによる福音書（第15章）では、イエスが死ぬ前に恐ろしいほど苦しみ、神に完全に見放されたと感じた様子が語られています。彼の最後の言葉は、ユダヤ教の詩篇を思い起こすものです。「わが神、わが神、なぜわたしをお見捨てになったのですか」。

このことをキリスト教徒は毎週金曜日に思い出します。かつては、金曜日に肉を食べることが許されていませんでした。特に聖金曜日には、彼らはイエスの十字架の死に思いを寄せ、悼みます。

イエスの最後の発言は、キリスト教徒にとって大変重要なものです。なぜなら、人間がくり返し経験することを、言葉で言い表しているからです。それは、無実の者が苦しまなければならないということです。

神が語ることがないとしても、苦しみや孤独を感じる時には、神がそばにいてくださるとキリスト教徒は信じています。反対に次のように言う人もいます。神は苦しみに対して何もしてくれず、一度たりとも語ったことがないので、神は存在しない、と。

信仰は死の淵で助けになるの？

マティアス・グリューネヴァルト（1470〜1528年頃）は、イーゼンハイム（フランス）にある聖アントニウス修道院の礼拝堂の祭壇のためにこの絵画を描いた。この修道院では、麦角菌が引き起こす不治の病に苦しむ人々の世話をしていた。患者の腕、手と足はけいれんを起こし、皮膚には水ぶくれができた。この病で人々は恐ろしい死に方をした。グリューネヴァルトが描いたイエスは、聖アントニウス修道院で死ぬまで世話を受けた患者のように見える。

はりつけの刑の描写の詳細

上の絵には、ほかに誰が、そして何が描かれているでしょうか？

特にイエスに近い人
左：マリア（イエスの母親）、ヨハネとマグダナのマリア（とても親しい人たち）
右：洗礼者ヨハネ
下：羊（「子羊」）。ユダヤ教徒が毎年過越の祭りでいけにえとして供した羊が、無実の罪で十字架にかけられたイエスのシンボルとなっている。聖杯は最後の晩餐を象徴している（191ページを参照）。

---

1 イエスはなぜ死刑に処されたのでしょうか？ テキストからその理由を探しましょう。

2 マティアス・グリューネヴァルトは、十字架にかけられたイエスをなぜこのように描いたのかを考えましょう。

3 今日、どのようなところに、無実にもかかわらず苦しみ、完全に見捨てられたと感じている人々がいるでしょうか？
イエスを手本にしたキリスト教の信仰は、彼らを助けることができるかどうかについて議論しましょう。

希望について：死によってすべてが終わるのでしょうか？

イエスの死後、ユダヤ教のしきたりに従って、遺体は岩穴の墓に埋葬されました。弟子や友人たちにとって、より望ましい思いやりのある世界への夢ははじけてなくなったのです。キリスト教徒は、神が三日後にイエスを死からよみがえらせたと信じています。それについて、信仰に関する次の物語を読みましょう。

▶キリスト教徒は、毎週日曜日の礼拝の中でこの出来事を思い出します。
イースター（復活祭）では、生が死と不安に打ち勝ったことを祝います。

空っぽの墓

ユダヤ教の安息日の翌朝、三人の女性がイエスの墓へ向かった。彼女たちは、ユダヤ教のしきたりによって定められた通り、遺体を清め、香油を塗る儀式を行おうとした。金曜日には安息日が始まろうとしており、できなかったからである。墓に到着すると、墓が開いており、遺体がなくなっているのに気づいた。この瞬間、二人の天使が現れ、言った。「あの方は、ここにはおられない。復活なさったのだ」婦人たちは非常に興奮し、皆に一部始終を知らせた。その後、イエスが弟子と友人たちの前に現れた。彼らはイエスの傷を見て、傷に触れ、納得した。「空想でも亡霊でもない、イエスは生きておられる。神はお見捨てにならなかったのだ」。

ルカによる福音書、第24章より

マティアス・グリューネヴァルトは、聖アントニウス修道院のために復活画も描いている。この画は、この画家が復活をどのようにイメージしているのかのみならず、修道院にいる重病の人に対して復活がどのような意味を持つのかも表している。イエスを死からよみがえらせた神は、すべての人間をよみがえらせることができると、イエスの弟子であり、キリスト教会の創始者であるパウロは信じていた。

教科横断的学習（国語の学習と関連）：死と希望について——追悼儀式〔葬式〕の意味

墓地を訪れ、墓標の情報を集めましょう（129ページ「洗礼の儀式*」参照）。
・墓石に刻まれた碑文やしるしを調べましょう。新聞を読み、死亡広告を探しましょう。
・主としてどのような言葉の型や文章の種類が見つかりましたか。
・キリスト教の復活に関する信仰を指し示すシンボル*と文章を整理し、まとめましょう（200ページ「シンボル*」参照）。

考え方について：何を心にとどめておくべきなの？

ドイツでの多くの祝日は、キリスト教が起源となっています。ただし、それを知っている人はどんどん減っています。クリスマスの祭日は、イエスの誕生の祝いです。聖金曜日は、イエスの苦しみと死を思い起こさせます。イースターは、キリスト教徒にとって、復活の祝いです。これらの祝いのほかに、次の二つの儀式は、キリスト教徒の信仰が目に見えるものとなるので、とても重要です。

礼拝における聖体の授与

イエスは弟子とともに、エジプトからの脱出を記念するために（180～181ページを参照）、ユダヤ教の過越を祝った。彼の死後、弟子たちは、割られたパンはイエスの傷つけられた身体を指し、注がれたワインは彼の流した血を意味するという信念を得た（189ページのグリューネヴァルトの絵画を参照）。

最後の晩餐

日曜日は、キリスト教徒にとって特別な曜日です。それゆえ、たいていの礼拝はこの曜日に行われます。

キリスト教徒は、礼拝の中で、いわゆる「最後の晩餐」を定期的に祝います。そこでは、パンが割られ、ワインが注がれます。この儀式によって、キリスト教徒は、イエスが弟子とともに取った最後の食事を思い出し、イエスがとても近い間柄にあると信じます。それゆえ、最後の晩餐を祝う際に、キリスト教徒はあらゆる違いにもかかわらず、互いに結束していることを思い出すのです。

洗礼

水は生の象徴であり、とりわけ罪を清めることのシンボル*であることから、洗礼盤はすべての教会に設置されています。キリスト教の教えに従って子どもが育てられることを親が望む場合や、成人がキリスト教徒になることを望む場合、その子どもや成人は三回水を注ぎかけられるか、短い間水中に沈められます。洗礼によって、人はキリスト教会の一員となります。

教会における洗礼

1. グリューネヴァルトが描いたよみがえったキリストの描写と、死の淵に立つ十字架にかけられたイエスの描写を比べてみましょう。この対比で、何を表現したかったのでしょうか？（189～190ページ参照）

2. 死によってすべてが終わるのでしょうか？　ルカによる福音書に書かれた歴史からどのような答えが得られるでしょうか。また、あなた自身は死についてどのように考えていますか？（ヨハネによる福音書　第20章24-29節参照）

3. キリスト教が起源となった祝祭日は、ほかにはどのような日があるのかを調べましょう。

4. 思い出は、生きる意味を見つけるための手助けになるかもしれません。自分自身の場合をふりかえってみましょう。あるいは、身近な人に「思い出深い祝いごと」について聞きましょう。

ユダヤ教徒のイエスがメシアであり、神から遣わされた世界の救い主であるとキリスト教徒は信じています。この知らせは、新約聖書に書かれています。神は自身を生と死のはざまにある人間に近い人として据えています。

加えて、神がイエスを死からよみがえらせ、終末の日には一人ひとりをよみがえらせることになると、キリスト教徒は信じています。この復活の喜びは、イースターで祝われます。最後の晩餐と洗礼は、キリスト教における最も重要な象徴的な儀式なのです。

4. イスラーム

神について：唯一の神

ムスリムは、愛し、崇拝する唯一の神であるアッラーに、99の名前を付けました。その名のいくつかは、この章でも登場します。簡単に理解できる名前もあれば、どういう意味なのかを一緒に考えなければならない名もあります。神と同じように、完全に知ることは誰にも許されていないのです。

神の最も美しい名

神、哀れみ深い者、同情者、王、聖人、平和、信者、用心深い者、権力者、殿、誇り高い者、創造主、創作者、世話役、寛容な者、支配者、常に与え続ける者、すべての財を分ける者、勝者、事情通、自由を制約する者、拡大させる者、屈辱を与える者、厳かな者、名誉を授ける者、人を辱める者、聞く者、見る者、人を裁く者、公正な者、恵み深い者、経験者、温和な者、無愛想な者、人を許す者、気前のよい者、高く超越した者、大きな者、目を引く者、扶養者、打算家、荘厳な者、高潔な者、監視者、願いを聞き入れる者、どこにでもいる者、賢者、愛する者、栄光に満ちた者、信仰に目覚めさせる者、証人、正直な者、受託者、強者、不動の者、保護者、賞賛に値する者、価値のある者、復活させる者、新たに創造する者、命を与える者、死をもたらす者、生きている者、心の内にいる者、完全な者、高貴な者、誰か、主権者、強力な者、全能の者、近くへ運ぶ者、…

> **神に対する賛美**
> 「賛美を越えた賛美があなたのもとに。神よ、常に。あなたは我々を苦しみから突然救い出した。すべての髪の毛が舌を持っているのならば、感謝を歌うことを決してやめないだろう。」
> ジャラール・ウッディーン・ルーミー
> （13世紀、トルコ）
> ヨハネの黙示録　21章

トルコにあるアヤソフィア博物館〔モスクとして使用されていたことがある〕では、アッラーの名が美しいアラビア文字で書かれている。

ムスリムが信じていること

イスラームの信仰告白のシャハーダでは、ムスリムが唱える次の文章が中心となっています。
「アッラー以外に神はいない。ムハンマドはアッラーの使者である」。

ムスリムにとってアッラーは、世界に存在するすべてのものより偉大な存在です。新生児と死の淵に立つ者は、この「シャハーダ」を耳にささやかれます。死者が天国に行けるように、葬儀においてもこれが唱えられます。ムスリムが存在する世界中で、この信仰告白が唱えられます。イスラームを受け入れようとする者は、このシャハーダを唱えることで、入信の証書を作り署名したことになります。すると、イスラームへの改宗が法的に認められます。この告白を受け入れなくなった者は、共同体から追放されるか、厳格な解釈では殺されることさえあります。

なぜ祈るのでしょうか？

祈りは、イスラームのもう一つの基盤です。祈りは、ムスリムにとって、イスラームが唯一神の宗教であることを認め、改めて確証することを意味します。ムハンマドを神の預言者として、しかし神としてではなく、愛し、崇拝します。ゆえに、ムスリムは「ムハンマド教徒」でもありません。信仰の篤いムスリムは、毎日5回、モスクから礼拝の呼びかけ（ムエツィーン）が聞こえる時間になると、儀式に則った祈りを唱えます。金曜日の礼拝には多くの教徒が集まり、いくつかの祈りを捧げます。すべての祈りは次の言葉で結ばれます。「あなたに平安がありますように」祈りはすべて行いと結びついています。たとえば、沐浴には、特別な意味があります。

1	左のページのどの名が気に入りましたか？ 選んだ理由も述べましょう。
2	イスラームの信仰では、なぜ神の100番目の名を誰も知らないのか、その理由を考えましょう。
3	どのようにして人はムスリムになるのかを説明しましょう。ほかの宗教ではどのように信者になるのか、何か知っていますか？
4	信仰の篤いムスリムは、アッラーに全幅の信頼をおくことができます。そうした信仰の長所と、しかしまた考えられる問題についても議論しましょう。すべてが良くなるという希望は、どこに見出せますか？

「神よ、あなたによって晩を経験し、朝を経験します。あなたによって、わたしたちは生き、死に、あなたのもとでわたしたちはよみがえります」
イスラームの伝統

礼拝時のモスク
祈りの光景

4．イスラーム

共に生き、善い行いをする：救貧税(きゅうひんぜい)（ザカート）

　神に対する感謝から、ムスリムはお互いを兄弟姉妹と見なしているので、すべてのムスリムは収入の一部を貧しい人々に寄付することが義務とされています。そうすることで、裕福な人々は貪欲にならずにすむのです。この援助は税金として取り立てられるのではなく、直接貧しい人々に受け渡されます。すべてのムスリムは、信仰共同体の貧しい人や困っている人に収入の2.5～10パーセントを贈ることが義務づけられています。これは信仰のあかしです。このようにして、人々の間に気前の良さと愛を同時に促していくのです。毎年の喜捨を行う以外に、自発的な喜捨（サダカ）を行うこともできます。

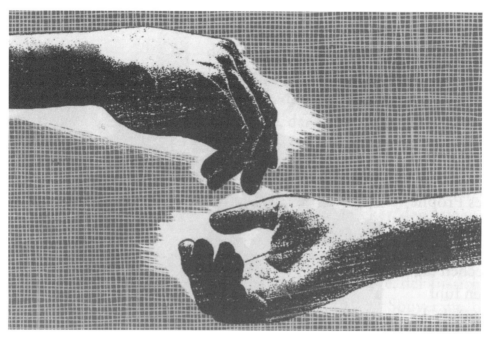

自発的に寄付を行う者は、目立たないように行い、見せびらかしてはいけません。神が知るだけで十分なのです。それゆえ、イスラームの伝承では次のように勧めています。「寄付を行う者は、その者の手が何を送ったのかについて知るべきではありません」

コーラン*から

「ほんとうの敬虔(けいけん)とは、おまえたちが顔を東に西にむけることではない。それは、神と終末の日と天使と啓典(けいてん)と預言者たちを信じ、親族、貧者(ひんじゃ)、旅人、乞食(こじき)に、そして奴隷たちのために自分の大切な財(ざい)を分け与え、礼拝(れいはい)の務(つと)めを守り、喜捨を行う者のことであり、…」。

スーラ（コーランの章）第2章177節
〔藤本勝次他訳『コーラン I』中央公論新社、2002年より〕

「おまえたちが施(ほどこ)すよきものは自分のためになる。おまえたちが施(ほどこ)しをするのは、ただ神のお顔を見たいから。おまえたちがよきものを施(ほどこ)してやれば、それだけ十分に報(むく)いられる。けっして不当(ふとう)にあつかわれることはない」。

スーラ　第2章272節〔藤本勝次他訳、同上書より〕

死によってもたらされるものとは？

　ムスリムが亡くなると、家族は自分たち自身で遺体の面倒を見るための許可を求めます。遺体が洗われ、香料が塗られます。遺体は白い布でくるまれ、たいていの場合、棺に入れられず、可能ならば死亡日のうちに埋葬されます。ムスリムは「アーヒラ（来世）」と呼ばれる、死後の生を信じています。彼らは復活の日を信じるとともに、神が判決を下して人間を天国または地獄へ送ることとなる、善人と悪人、信心深い人と不信心な人を分けるための神の裁きの日を信じています。ムスリムは神の慈悲に自身をゆだねます。

　神は、慈悲によって、天国にいる人が楽園へ入れるようにし、地獄の業火にいる人は火の中へ放り込みます。そして、言います。よくごらんなさい、からし粒ほど小さくとも心の中に信仰があるのなら、救い出しなさい。

　すると、燃やされた黒い薪のように救い出されたからし粒は、生という名の川へ投げ込まれ、その中で海辺にある砂漠の種のように生育していきます。砂漠の種が、黄色くしなやかに育っていく様子を見たことがあるでしょう？

ムスリムの伝承より

イスラームの希望

　天国の人々が喜びの中にいる間、彼らの上で光が輝いた。彼らが頭を上げると、見よ、神が彼らの上に現れた。神は言った。天国にいる人々よ、平和があなた方の上に。神は彼らの方へ視線を向け、彼らは神の方へ視線を向ける。神の光と祝福が、彼らと彼らの住みかの上にとどまった。

ムスリムの伝承

ムスリムの墓石の上にあるコーラン

1	194ページの絵を観察しましょう。手と手の「会話」を書き出しましょう。
2	コーラン*のテキストを読み通しましょう。どのような人が、信仰の篤いムスリムですか？
3	あなたがたの知っている葬儀と、ムスリムの葬儀とを比べてみましょう。ドイツに住むムスリムが親族の葬儀を行う場合、どのような困難があるでしょうか？
4	このページに載っている墓石を観察し、それについて描写しましょう。ムスリムにとってのコーラン*の意味を、墓石はどのように示しているでしょうか？
5	死後の生について、どのように考えますか？　あなたが持っているイメージを書き出し、絵を描きましょう。あなたのイメージとムスリムの楽園のイメージとを比べましょう。

4．イスラーム

わたしの思い出から——特に重要な意味をもつ祭事とは？

ラマダンと呼ばれる断食月は、わたしの大好きな宗教的祭事の一つです。ラマダンでは30日間、日の出から日の入りまで断食し、コーランに従い、この時間はひとかけらのパンも一口の水も口にしません。タバコやパイプ、男女間の親密な言動、そして悪口やケンカは禁止されています。預言者ムハンマドは言いました。断食によって、ムスリムは自制することを学び、貧しい人々と同じ立場に立つことを学ぶのです。我慢している間に日々の生活への賜物を思い出し、感謝の気持ちが断食の間に現れるのです。

わたしたちムスリムは、朝、空に向かってかざされた糸が白糸か黒糸か見分けられるようになったら、「サウム」と呼ばれる断食を始めます。コーランは子どもたちが思春期に至るまで断食をせずに待つことを許しており、本来は成人で健康なムスリムのみが断食を義務づけられています。健康が損なわれない限り、断食は望ましいとされており、老人、病人、妊婦と授乳中の女性は、断食が免除されています。

日常の義務は、ラマダンの間はあまりきつくありません。一晩中起きていた人々が朝十分に眠ることができるように、店やオフィスはお昼前になってようやく開きます。しかし、夜になって、断食を中断することが許される時間が近づくと、雰囲気は一気に変わります。すべてのムスリムが、家族全員と夜の祝宴を開くのです。

エジプト出身のムスリム、ジャン・サダト

▶イスラームの断食

毎年イスラーム暦第9月（ラマダン）に行われる断食は、イスラームの宗教上の基本的義務である。イスラーム暦は天体の月に従っており、そのため太陽暦では、ラマダンが毎年「移動」しているかのように見える。イスラームの教えによると、メディナで天使がムハンマドのために毎夜コーランを朗読し、ムハンマドが初めてコーランのメッセージを聞いたのがこの月とされることから、ラマダン月は意義深いのである。ラマダン月の27日目には、コーランが地上へ送られた「天命の夜」が祝われる。断食月は、「断食に打ち勝ったことを祝う祭り」（砂糖祭）で終わりとなる。

▶イスラームの5本の柱

(1) 信仰告白、(2) 毎日の5つの祈り、(3) 救貧税、(4) ラマダンの断食のほかに、イスラームではメッカへのいわゆる (5) 巡礼が、信者の義務とされている。これらは「イスラームの5本の柱」と呼ばれる。

三日月（ヒラール）がラマダンの聖なる月を示す。

アッラーの御心(みこころ)のままに祝う?

「ドイツのムスリム青少年」という名の団体(だんたい)は、定期的にニュースレターを送って、ムスリムの青少年にいろいろな役立つ情報(じょうほう)を知らせている。たとえば、休暇(きゅうか)についてである。

夏休みがやってきました! ついに、何の務(つと)めもなく、十分に眠ることができ、ゆったり朝食を食べ、心ゆくまでテレビを見て、友達とぶらぶら過ごし、もしかすると旅に出ることさえかなうのです。けれども、毎年のように過ごしていれば、6週間はあっという間に過ぎて、結局(けっきょく)何をしたのかと自問することになります。きっと、休養して、楽しんできたことでしょう。それも大切です! けれども、それがすべてでいいのでしょうか? もしかすると、アッラーはわたしたちにもっと何かを求めているのではないでしょうか? 預言者は語っています。「五つの事柄(ことがら)を活かしなさい。手遅れになる前に。死の前の生を。病気になる前の健康を。いそがしくなる前の余暇(よか)を。年をとる前の若さを。貧乏(びんぼう)になる前の豊(ゆた)かさを」さあ、あなたがたの休暇と1年後を計画しましょう! あなたがたは今どのような状態(じょうたい)にありますか? 自分自身に満足(まんぞく)しているのでしょうか? 自分自身の何を変えたいのでしょうか? 何を成し遂げたいのでしょうか?

あなたがたの計画は、もちろんアッラーの助けなしでは実行することができないので、アッラーと話し、心の中を打ち明け、援助(えんじょ)を求めるのです。預言者は語りました。「アッラーのもとには、祈(いの)りより価値(かち)のあるものは何もない」毎日決まった時間に、決まった課題に取り組みましょう。暗記したスーラ〔コーランの章〕を復習(ふくしゅう)したり、あるいは新たに別の部分を暗記したりするのも良いでしょう。または、毎日コーランを2ページ読み、その内容についてよく考えましょう。イスラームの余暇プログラムに参加して、新しい人と知り合うのも良いのではないでしょうか? 人のために尽(つ)くしましょう! アッラーがあなたがたにすてきな夏休みを贈り、この期間の行いが、終末の日に天びんばかりの上で重みを持ちますように。

アミン

「ドイツのムスリム青少年」のウェブサイトより

---

1 今年はいつラマダンを祝うのかを調べましょう。なぜ断食は、思いをめぐらせたり、感謝の気持ちを表したりする良い方法なのでしょうか?

2 メッカへの巡礼(じゅんれい)について調べるとともに、5つの義務(左のページを参照)に関連して、信仰の篤いムスリムが、たとえばドイツで信仰を実践(じっせん)する際にどのような問題があるのかを考えましょう。

3 夏休みの計画のための「ドイツのムスリム青少年」からの役立つ情報を、あなたの夏休みと比べましょう。こうした助言はためになるのかを考えるとともに、上手くいく夏休みのためにあなたが考えた助言を書き出しましょう。

コーランが預言者ムハンマドに啓示(けいじ)され、彼によって書き記された神(アッラー)の言葉であるとムスリムは信じています。アッラーこそが、ムスリムにとって世界の創造主(そうぞうしゅ)であり、すべての命の守護者(しゅごしゃ)であり、死を乗り越える者なのです。5つの義務を守ることは、アッラーへの感謝と崇拝を示すことです。ムスリムには、貧しい信仰仲間を援助することが義務づけられています。ムスリムの最大の祭事が、ラマダンの断食月です。

5. ヒンドゥー教

永遠の輪廻

インドでは、東アジアで最も古い宗教としてヒンドゥー教が成立しました。インドの人々は自然を観察し、次のように考えました。昼の後に夜が来て、また昼になるように、すべての世界は永遠の輪廻の中に存在している、と。

すべての生まれた者にとって死は確実なことであり、死んだ者にとって誕生は確実なことである。
生まれた者に死は必定であり、死んだ者に生は必定であるから。

ヒンドゥー教の聖典、
バガヴァッド・ギーターより

人生

ヒンドゥー教では、人間も永遠の輪廻の一部です(「サンサーラ」)。すなわち、人間は生まれ変わり続けるのです。人が今生きている生は、昔の生の続きなのです(「カルマ」)。ヒンドゥー教の信条では、すべての人間は、自分にふさわしい生を授かるとされています。

この永遠の輪廻から脱することはできないのでしょうか? ヒンドゥー教では、解脱に導く複数の道があると教えています。つまり、(禁欲による)悟りの道、あるいは(祈り、儀式、巡礼による)行為の道、あるいは神の愛による道です。

このようにして、自身の道で悟りを開いた時に、生まれ変わりの輪廻から解脱することに成功するのです。我(「アートマン」)は始まりのように、神(「ブラフマン」)と再び一致します。

あるたとえ話——それはどういう意味?

年老いた賢者であるサドゥーは、三つの形状について語りました。一つは塩、もう一つは布、三つ目は石です。「これらを水の中に入れると、一つ目の物は溶けて姿が無くなり、二つ目の物は大量の水を吸収するが形は変わらず、三つ目の物は水を受け入れずにとどまっている」。

賢者はこのようにして、すべてを包括した梵(ブラフマン)に我(アートマン)を同一できる解放された人、神についての知識でいっぱいの信仰深い人、そして一滴たりとも真実を受け入れようとしない世俗的な人間について語っています。

神々

ヒンドゥー教徒は、たとえばブラフマー、ヴィシュヌ、クリシュナ、ラーマ、カーリーといったさまざまな神々を崇拝しています。多くの神々が一体となっているため、ヒンドゥー教徒は、唯一の神、複数の神、あるいは多数の神を崇拝することが許されています。

ヴィシュヌ神の10の化身(けしん)

同じ月がすべての水に映っている。
水の中のすべての月はたった一つしかない月の一つである。

古代インドの格言

ヒンドゥー教の現在

現在、8億人以上がヒンドゥー教徒であり、その多くがインドに住んでいます。コルカタ出身で、ドイツに住み秘書(ひしょ)として働くシーラは、次のように話しています。

ヒンドゥー教は愛の宗教です。最も大切なことは、他者に損害を与えないということではなく、愛を持って他者を助け、自分の義務を果たすということです。それが何かということは、わたし自身で考えなければなりません。

ヒンドゥー教の特徴(とくちょう)は、階級制度(かいきゅうせいど)です。前世の行いにもとづいて、一人ひとりが決められた社会階級で生まれるのです。この「階級」は、厳格な序列(じょれつ)を作り出しています。現代のインドでは、原則として、すべての職業(しょくぎょう)がすべての人々に開かれていますが、多くの人の頭には階級制度がまだ残っているのです。

---

1 自然の中の輪廻についての例を探し、198ページの写真にあるブロンズ製(せい)の輪が何を表現しているのかを話し合いましょう。

2 ヒンドゥー教徒が人生で到達したいと考える目標を挙げましょう。

3 ヒンドゥー教がなぜ、ドイツに住む多くの人にとって、魅力的に思えるのでしょうか。その理由を述べましょう。あなたがたにとって、残されている疑問(ぎもん)とはどのようなことでしょうか?

東アジアで最も古い世界宗教であるヒンドゥー教の信奉者(しんぽうしゃ)は、世界を永遠の輪廻と解釈し、そこから脱するべきだと考えます。そのための方法が、ヒンドゥー教では複数示されています。崇拝される多くの神々の後ろには、人格性(じんかくせい)を持たない神性(しんせい)がブラフマンとともに存在します。その神性と一体化することは、生まれ変わりの輪廻からの解脱を意味します。

6. 宗教についての手がかり

シンボル*

シンボルとは、目には見えない何か、つまり、ある考えや信仰を代表する、目に見える象徴（物体または行為）を指しています。たとえば、赤いバラは愛の象徴といったように。

さまざまな宗教では、信仰自体は目に見えないため、シンボルや記号が重要な役割を果たしています。シンボルは信仰を目に見えるようにすることができ、言葉で説明することぬきに信仰を示せるのです。それぞれの宗教の信仰信条がシンボルに込められており、それを見た人が信仰信条を知ることができるようになっています。

1	上に描かれているシンボルを、ここまでに紹介されてきたさまざまな宗教に当てはめましょう。正しく当てはめたシンボルをノートに描きましょう。正しく組み合わせるためのヒントは、この章の中にあります。
2	組み合わせの理由として、それぞれの宗教について学んだことや知っていることを説明しましょう。加えて、それぞれのシンボルとその意味について調べましょう。
3	紹介された四つの宗教で重要視されているシンボルがほかにもないか探し、この章の最初の見開き2ページ（178～179ページ）と、そこに描かれた聖職者の服装を観察しましょう。
4	小グループに分かれ、この章でそれぞれの宗教の生活と祭りについて学んだことをふりかえり、まとめましょう。
5	一番参加したいと思うのはどの祭事でしょうか。また、どの祭事には参加したくありませんか？ 最初は一人で決め、その後、ほかの人に自分の考えを主張しましょう。
6	どの宗教の生活様式が一番気に入りましたか？ ここでも最初は一人で考え、その後、意見を交換しましょう。

プロジェクト1：信仰の篤い人と話そう

聖職者への質問（178～179ページ参照）にもう一度立ち返り、あなたがたがどの質問に答えられるのかを確かめましょう。まだ知識が欠けている部分はどこですか？　二人か三人で協力し、それぞれのグループがいずれかの宗教の聖職者あるいは代表者を探し出し、欠けている知識を補うために、まだ答えられていない質問についてその人物にたずねましょう。答えを書きとめ、学習グループの中で発表しましょう。

静寂に包まれた場所

「パビリオン全体が心を穏やかにさせてくれる。外側から見ると、このパビリオンに華々しい様子はほとんどない。しかし、パビリオンの雰囲気に身をゆだねたすべての人に、信じられないほどの感銘を与える」。

マルゴット・ケースマン

（ハノーファーにあるプロテスタント・ルター派州教会の監督）

ハノーファー万博（2000年）のために建てられたキリスト教のパビリオン。万博の開催後、このパビリオンは撤去され、旧ヴォルケンローダ修道院（チューリンゲン州）に再建された。

プロジェクト2：沈黙にふさわしい場所を見つけよう

1. 地域にある静かな場所へ出かけましょう。沈黙がどのような効果を与えるか試してみましょう。同じことは、教室の中でも試すことができます。始めるために、5分から10分が必要です。小さなグループで並んで座り、真ん中に火を付けたローソクを置きましょう。続けて、沈黙をどのように感じたのかを話しましょう。何を心地よく感じ、何に不快感を感じましたか？　どのような姿勢をとりましたか？　目を閉じていましたか？　それとも何かをじっと見つめていましたか？　どのような方向に考えをめぐらせましたか？

2. 学校生活の中でも沈黙の時間をとりましょう。教室を5分間沈黙の空間にするための時間を、1週間に2回設けましょう。参加は自由です。ただし、沈黙を保つことを、お互いに義務づけるのが良いでしょう。（内的、外的に静寂を保つ練習になるでしょう。別の言葉では、「黙想」と言います。）

3. 沈黙するということは、何もしないことではありません。わたしたちは、心の中が静かになって初めて考えを「聞く」ことができます。思い浮かぶ考えから、のがれたいこともあるでしょう。たとえば宗教にかかわる心地良い経験、あるいは不愉快な経験など。そのために、靴が入っていたボール箱に投入口を開けた物を用意するのも一案です。これまで話すことができなかった考えを入れるための郵便ポストの出来上がりです。一定の時間がたったら、ポストに目を通し、みんなが最も興味を持ちそうな考えについて話し合うのも良いでしょう。

【図書案内】

フィン『アンナの小さな神様』（立風書房、1981年）

マルク・ゲルマン『神のスペルはどのようにつづるの？』（ハンブルク：カールゼン出版、1996年）

用語集（五十音順）

（各用語解説の末尾の数字は掲載ページを示す）

アリストテレス（Aristoteles）
アリストテレス（紀元前384年から紀元前322年）は、著名なギリシアの哲学者であり自然研究者でもある。その思想は今日に至るまで影響を与えている。たとえば、人間の共生にとっての善とは、「黄金の中庸」であると考えた。（131）

宇宙（Universum）
ドイツ語で「万物」、ギリシア語で「秩序ある世界」を意味する「コスモス」の別の表現。（18、161、164、174、177、208）

OECD（経済協力開発機構）
ヨーロッパおよび他の大陸の重要な工業国が、加盟国として存在する。開発途上国における開発政策に関して、加盟国の経済的な協力を計画し、調整する。（110、114）

戒律（Mitzwot）
ユダヤ教における613の祈りと生活規範のリスト。できるだけ多くの戒律（「ミツワー」）を守ることが、信仰深いユダヤ教徒にとっての重大な関心事である。（182）

価値（Wert）
1. 高価で長持ちするお金および財産には、いくらかの「価値」がある。
2. 人間の共生のために重要で、世間一般に認められた原則。たとえば、「自由」や「正義」。
（4、24、25、26、27、31、32、56、67、89、117、125、131、157、159、192、197、207、208、209）

観点（Perspektive）
ある決まった立場あるいは視点にしたがって行われる、ものの見方あるいは観察の方法。（5、21、43、90、91、175、208）

寛容（Toleranz）
異なる人々や異なった考え、生活様式に対する忍耐強い態度のこと。（63、99、192、208）

儀式（Rituale）、儀式上の（rituell）
形式や信仰がはっきりと定まっている習慣または慣習。（63、129、190、191、193、198）

規範（Normen）
人間の共同体において有効かつ正しく、良いものと見なされている規定や規則のこと。（4、97、101、158、208）

国際連合（Vereinte Nationen）
本部がニューヨークにある、世界のほぼすべての国が加盟する比較的自由な連合。（24、93、110、111）

心（Seele）
外側から見ることができない人間の内面に関する概念。（15, 19, 30, 39, 56, 57, 75, 86, 109, 117, 132, 133, 144, 176, 181, 182, 187, 188, 191, 195, 197, 201）

コーラン（Koran）
コーランはドイツ語で「読誦」あるいは「読経」という意味である。ムハンマドは、このテキストを610年から632年の間に書き記させた。ムスリムにとってコーランは、人々に向けられたアッラーの言葉である。コーランは、スーラと呼ばれる114の章から成り立つ。一つの章を除いて、すべての章が「慈悲深きアッラーの御名において」という言葉で始まっている。アラビア語版のみがアッラーの言葉を含んでいると多くのムスリムが考えている。（117, 168, 169, 194-7）

山上の説教（Bergpredigt）

山上の説教では、キリスト教の重要な生活規範が総括的に語られた。その短く、印象的な文章は、ナザレ出身のイエスに由来する。山上の説教は、聖書のマタイによる福音書（第5-7章）に記されている。(188)

実験する（Experimentieren）、実験（Experiment）

あることがらについて試験的に何かを発見するのを、科学的に試みること。(7, 17, 19, 31, 62, 63, 67, 81, 88, 125, 135, 137, 209)

詩篇（Psalmen）

紀元前1000年からおよそ500年の間に作られた宗教的な曲および祈りの選集。ヘブライ語聖書は150の詩篇を含む。詩篇は、ユダヤ教（およびキリスト教）の礼拝で歌われ、読み継がれている。祈りを捧げる人は、賛美、感謝、嘆きや絶望といったすべての感情を神に訴える。(182, 189)

宗派（Konfession）

ラテン語由来の言葉で、「信仰告白」という意味もある。たいていの場合、宗派とは、同じ信仰告白を信奉し、それゆえ教会の共同体を構成するキリスト教徒のグループのこと指す。(208, 209)

循環（Zyklus）

規則的に繰り返される出来事（回転）。(110, 164, 167)

人権（Menschenrechte）

すべての人間が、安全で「尊厳ある」生活を送るために必要な、明確かつ不可侵の自由と平等の権利を、誕生から持っているという信念は、人間の共生のための倫理的な基盤の一部である。こうした権利は、世界的には「国連憲章」に記されており、ドイツでは「基本法」〔日本の憲法に相当〕に書かれている。いまだ人権が侵害される状況が繰り返されており、拷問や暴力などから被害者を守るという課題が残されている。(4, 93, 110, 145, 208)

シンボル（Symbol）

さまざまに解釈できる記号（象徴）。たとえば、鳩は平和の象徴である。シンボルは常に、目に見える部分（たとえば「鳩」）と目に見えない部分（たとえば「平和」）とを合わせ持つ。(128, 129, 164, 179, 184, 189, 190, 191, 200)

神話（Mythos）

人間や民族がどこから来て、どこへ行くのか、この世における使命とは何かについて、比喩を使って説明した神秘に満ちた物語。宗教的な神話を例にとれば、神が人間に世界を委ねたのだから、人間が世界でできることをすべて行うべきではないと述べている。(121, 161, 168, 172, 173, 176)

先入観、偏見（Vorurteil）

人間または人間集団が行う、完全にまたは部分的に事実と一致していない断固たる判断。世界の様子を理解するために、人間は先入観を必要とする。それゆえ先入観は、最初から「良い」または「悪い」ものではないが、常に再検討する必要がある。大人の意見を聞いたり、ほかの人や彼らの振る舞いを分類した「引き出し」を作ることによって、人間は幼い頃から先入観を形作る。(62, 63, 65, 67, 81)

聖書（Bibel）

「ヘブライ語聖書」の項を参照。

生態系の（Ökologisch）、「生態系」（Ökologe）

生物と生物が存在する環境との相互関係。(138)

尊厳（Würde）
普遍的に認められたすべての価値の基盤および目的は、人間の尊厳の尊重である。すべての人間に与えられる、手を加えることができずまた比べるものがない尊敬の中に尊厳は表れる。多くの自然保護論者は、動物もまたこのような尊厳の権利を持つべきであると主張する。（111, 114, 115, 117, 208）

胎芽（Embryo）
胎児。成長段階にあるごく小さな人間の、受胎後約8週間までの状態。（122）

胎児（Fötus）
受胎後約50日で、胎芽は新たな成長段階に移行する。すべての器官（臓器）が作られ、成長に向けて準備される。胎芽から胎児へと発達する。（122, 123）

津波（Tsunami）
海底地震のように、海底の変動によって発生し、たびたび破滅的な影響を海岸地域にもたらす巨大な波。津波の発生直後に引き波が起こることがあり、その直後により大きな力を伴って波が戻ってくる。そして、波の前に立ちはだかるすべてが水で覆われる。（127）

哲学者（Philosoph）、「哲学」（Philosophie）、「哲学的に深く考える／哲学する」（philosophieren）
このギリシア語の言葉には、ふたつの単語が隠れている。「友人」（philos）と「知恵」（sophia）という単語である。したがって、哲学者とは「知恵の友人」である。哲学的に深く考える人は、大きな謎の答えを探し求めている。たとえば、わたしたちはどこから来たのか？　わたしたちはなぜ存在するのか？　どこへ向かうのか？　すべてが難しく、ひょっとするとまったく答えることができないかもしれない。しかし、こうした問いをはじめ、似たような問いに対し、思慮分別を持ち想像力を働かせて、繰り返し熟慮を新たにすることが、哲学的であることの特徴である。自分自身や世界について根本的に深く考える人が、哲学者と呼ばれる。（4-7, 14, 15, 19, 43, 79, 84, 86, 91, 105, 123, 131, 134, 136, 143, 161, 163, 175, 208, 209）

道徳（Moral）、「道徳的」（moralisch）
道徳は、すべての人間に影響を与える。共同体において一般的に認められている原則、規定や自制心を基準として生きる人は、「道徳的」であると感じ、「道徳的」に行動する。そうした信念や習慣は、時の流れとともに、変わることもある（「倫理」の項を参照）。（56, 67, 96, 131, 137, 207-9）

トーラー（Torah）
「指し示す」「教える」という意味のヘブライ語。ヘブライ語聖書のモーセ五書のことを指す。（180, 183, 186）

ノアの洪水（Sintflut）
地球上のすべての生命を絶滅させた大昔の洪水についての話が、ヘブライ語聖書に記されている。ノアと彼の家族、そしてすべての動物の種類の雄雌一対だけが助けられた。最後に神はノアと「永遠の契約」を結び、その証として虹をかけた。人間が悪い言動をしたとしても、すべてを絶滅させる洪水を二度と起こさないと神は約束した。
同じような洪水の物語は、他の文化においても世界中で伝承されている。（128, 129, 139）

比喩（Gleichnis）
たとえを用いた短い説明。あるいは、理解が難しいことがらを、「たとえ」によって説明すること。（188）

物質（Materie）
1. まだ形作られていない状態にある元素あるいは原物質。
2. 人間を含むわたしたちの周りにあるすべて

の素材。(100, 114, 174, 175)

文化、文明（Kultur）
文化は、人間の登場とともに始まった。特定の地域や民族に属する人間が、一緒に計画し、形作り、建設するもの、つまり、食物、衣服などの基本的欲求（きほんてきよっきゅう）の充足に始まり、言語、文学、芸術、倫理、宗教、音楽、学問などの精神的な能力および活動に至るまでのすべてを意味する。同じ文化圏に属する人は、「通常（つうじょう）」はどのように行動すべきなのか、何が重要とみなされるのかといったことに関して共通の「知識」を持っている。(4, 5, 7, 55, 114, 115, 126, 129, 131, 132, 133, 135, 173, 176, 177, 207, 208)

ヘブライ語聖書（Hebräische Bibel）
元来（がんらい）はヘブライ語で記され、律法（トーラー）で始まるユダヤ教の最も古い伝承（でんしょう）の選集。キリスト教徒は、この聖書を彼らのさまざまな聖書とともに、「旧約聖書」あるいは「第一の聖書」と呼ぶ。(63, 96, 117, 128, 129, 165, 168, 169, 173, 180-2, 184, 186, 187, 191)

ヘブライ人（Hebräer）
「放浪（ほうろう）の民」を意味し、当初はアブラハムの別名であった。その後、アブラハムの子孫が自らをそう名乗った。エジプトの支配による奴隷状態から解放（かいほう）された後、ヘブライ人のさまざまなグループが「イスラエル人」として結束した。(180, 182)

民主主義（みんしゅしゅぎ）（Demokratie）
ギリシア語の語源は、「民衆（みんしゅう）による統治（とうち）」を意味する。人はあらゆる場所で——政治や社会だけでなく、学校や家庭でも——大切な問題の決定に自ら参与するが、そこで、このギリシア語の概念が用いられている。(33)

メシア（Messias）
ヘブライ語で「油を注がれた者」という意味。神が王を「任命した」ことを裏付けるために、古代イスラエルでは王の身体に油が塗（ぬ）られた。信仰の深いユダヤ教徒は、人間を救済するために送られてくる神、メシアの到来を待ち望む。キリスト教徒は、このメシア（ギリシア語で「キリスト」）がナザレ出身のイエスであると信じている。(185-7, 191)

黙想（もくそう）（Meditation）、黙想する（meditieren）
一定の時間、すべての外側にあるものが背景に退（しりぞ）くことになる、精神的、宗教的な修行（しゅぎょう）として、集中して熟考（じゅっこう）すること。黙想は、より良い自己認識（じこにんしき）の手助けとなる。(201)

ユダヤ教の律法学者（りっぽうがくしゃ）・聖職者（せいしょくしゃ）（Rabbiner）（ラビ（Rabbi）とも）
ユダヤ教の共同体において宗教的な事柄に関する専門家。ユダヤ教の共同体では、説教者や争いの調停者としても活動する。(183)

預言者（よげんしゃ）（Prophet）
ギリシア語で「話し手」の意味。神から特別に呼び寄せられた人々が、預言者と呼ばれる。預言者は、なおざりにされた問題に取り組むがゆえに、存命中はやっかいな人間と見なされる。ヘブライ語聖書は、イスラエルに現れた預言者について説明している。ムハンマドは、イスラームの預言者である。(193, 194, 197)

理性（りせい）（Vernunft）
あなたの思考力を際立たせるすべて。思考能力、知性、理解力および洞察力。これらの能力は、「理性的に」行動するために有効な前提条件である。(79, 134, 161)

良心（Gewissen）
善悪（ぜんあく）や、正しいか正しくないかを区別することを助ける「心の声」。良心は、一生涯（いっしょうがい）をかけて形成される、人間の特性の一つである。(4, 51, 86, 89)

倫理（Ethik）、倫理的な（ethisch）

倫理とは、人間の習慣や慣習についての批判的思考にかかわっている（「道徳」の項を参照）。倫理は、行為の理由と目的を問題とする。たとえば、人は互いにどのような関係でいるべきか、自然とどのようにかかわるか？ 友好的に、それとも敵対的に？ 善良に、それとも悪意をもって？ 選択や判断する際に、人間はどの程度自由なのか？ 人間は自らの行為に責任をもつべきなのか？ などである。(4, 5, 7, 89, 138, 207)

監訳者解説
世俗的価値教育としての実践哲学科の可能性

はじめに

　さまざまな宗教や民族、文化など、世界の構成要素の多様性を前提に、その差異を推し測りつつ、共生社会を成り立たせていくことが、その分断も危惧される今日のグローバル社会にとっての重要課題となっている。このような時代状況のもとでは、とりわけ宗教間の対話のあり方や、宗教と世俗との関係がさまざまに問われており、各国は宗教教育を含めた倫理・道徳教育のあり方について、模索を続けている。なかでもドイツでは、宗教団体に支えられた宗教科ばかりではなく、国家が倫理・道徳教育の枠組みに関わるとすれば、どの程度、どのようにして実現可能かが問われてきた。

　この解説では、まず、本教科書が成立した背景を知るために、ドイツにおいて、世俗的価値教育の教科の一つとして展開してきた実践哲学科の位置づけを確認する。その上で、実践哲学科の目標と内容、成績評価の方法をコアカリキュラムから明らかにし、本教科書の特徴を述べる。最後に、ドイツの事例が日本の初等・中等教育や特別の教科としての道徳に対し、いかなる意味を持つものか若干の考察を加える。

1．ドイツの倫理・道徳教育のなかの実践哲学科

　ドイツでは第二次世界大戦後、西側の諸州では、ドイツ基本法（1949年5月公布）の「神と人間に対する責任」のもとで人間形成を目指すとの規定に基づき、学校での倫理・道徳教育の役割は、主として宗教科が担ってきた。東側の諸州では、大戦後、社会主義教育体制が推進され、学校では無神論の教育が展開されてきたが、東西ドイツ統一（1990年）に際し、教育制度においても西ドイツをモデルとする教育の再編が行われた。

　一方、ドイツ基本法は、保護者がわが子の宗教科への参加を決定する権利をもつことも規定しており、その出席を拒否することも認められている。これが、宗教科を代替する世俗的価値教育の教科としての「倫理・哲学科」の導入へとつながっていった。16ある各州による独自の教育政策上、世俗的価値教育を担う教科の名称もさまざまであり、ここでは、それらを最も使用頻度の多い名称に代表させ、「倫理・哲学科」と総称している。この「倫理・哲学科」のうち、

ドイツ16州の地図
出典：ドイツ教育サーバー URL (http://www.bildungsserver.de/icons/brd-laender.gif) より
（最終閲覧日 2019年5月30日）

ノルトライン・ヴェストファーレン州（以下、NRW州）が導入した教科が実践哲学科である。

実践哲学科のカリキュラム大綱草案は、「哲学に基礎を置く価値教育」として1997年に起草された。現在では、正規の教科である宗教科を代替する教科として、前期中等教育段階の5年生から10年生に実践哲学科、後期中等教育段階の11年生からは哲学科が設置されている。

2．実践哲学科の学習内容の特徴

この実践哲学科では、2008年版のコアカリキュラム（日本の学習指導要領に相当）において、「コンピテンシー志向のカリキュラム」に向けた改革が行われた。本教科書はこのカリキュラムに対応しているので、コアカリキュラムにみられる目標と内容、成績評価の方法の概要を見てみよう。

第一に、実践哲学科コアカリキュラムでは、目標として「生徒が人間存在の意味への問いに対する答えを探究し、民主的な社会において自律的に責任を自覚し、寛容の精神を持って生活を営むことができるよう、真理をさまざまな次元においてよりきめ細かに捉え、体系的に意味と価値の問題に取り組むことができるコンピテンシーを育成する」と謳われている。そのために、「生徒は、共感する力を発達させ、責任ある行為の基盤となる価値認識と自己意識に到達する」よう求められるのであり、そうした課題に対して、実践哲学科では特定の信仰に依拠する宗教科とは異なり、「規範的、道徳的教育（Orientierung）の意味では、論証的・討議的リフレクションに基づく」と明記されている。加えて、実践哲学科の原則が、「州憲法とドイツ基本法、さらに人権として根付いている価値構造を基準とする」旨が説明されている。こうして、行為の規範や価値の原則として、人間の尊厳の尊重を謳うドイツ基本法等に依拠しつつ、自らの論拠を明確にして意見を交わしながら考え合うという学習プロセスが重視されている。

第二に、以上の目標は、個人的観点、社会的観点、思想的観点という3つの教育方法上の観点に基づき、7つの問題領域において展開される。7つの問題領域とは、1. 自己、2. 他者、3. 良い行い、4. 法、国家、経済、5. 自然、文化、技術、6. 真理、現実、メディア、7. 起源、未来、意味、である。これらの7つの問題領域に関しては、第5／6学年、第7／8学年、第9／10学年の区切りで、重点的学習内容が2つずつ示されているが、2学年ごとに7つの問題領域すべてを扱うことが義務化されている。また、問題領域7に関しては、前期中等教育段階を通して、最低1回は、宗教に関連する重点的学習内容を選択するよう、注意が促されている。

第三に、成績評価については、試験等ではなく「授業におけるその他の学習成果」が評価対象として明確に位置づけられている。すなわち、州学校法に定められた6段階の評価が、実践哲学科にも適用される。その際、授業を通して獲得されたコンピテンシーを総合的に関連づけて評価が行われる。「授業におけるその他の学習成果」とは、次の4つである。順に示すと、1) 授業への口頭での貢献（授業の話し合いへの貢献、研究発表など）、2) 授業への記述による貢献（例えば、記録、資料収集、ノート、ファイル、ポートフォリオ、学習日誌など）、3) 15分を限度とする短い記述式課題、4) 自らの責任による、生徒中心の活動への貢献（ロールプレイ、アンケート、調査、プレゼンテーションなど）、の4つである。

こうしたコアカリキュラムに対応する本教科書は、10章から成る。その内容的特徴として注目すべきところは、次の2点にまとめられる。ひとつは、自己、他者をはじめとする7つの問題領域に関して、各章では身近な学校生活や社会生活から、世界の始まりと終わり、さらにはさまざまな宗教や宇宙に至るまでが、生徒自らの日々の生活に実際につながっている問題として具体的に扱われている点である。つまり、生活世界での実践から形而上学上の難問に至るまでの人間をとりまく多彩な世界を包括する学習内容が提供されている。とりわけ後者については、ユダヤ教、

キリスト教、イスラーム、ヒンドゥー教といったさまざまな宗教の歴史や祝祭、日常生活などの詳しい描写によって探究を促す学習内容が組み込まれている。こうして、哲学的、思想的により多様な背景をふまえて考え、行動する共生的市民の育成に貢献しようとしている。

もうひとつの特徴は、学習方法として、議論や発表だけでなく、ロールプレイ、思考の実験、マインドマッピング、ポスター作り、そしてプロジェクトというように多彩な活動が明示されている点である。これらの学習方法によって、生徒が主体的かつ協働的に対話を進め、哲学的に深く考え進めることができるよう、手順の説明にも仕掛けと工夫が丁寧に施されている。

以上より、本教科書では、7つの問題領域の題材ごとに生徒が人間存在に関わる問いを改めて自覚し、相手を尊重しつつ話し合いを深め、考え抜くことを通して、個々の生徒の自律的な判断力を発達させようとしている。多様性の尊重という課題に向かい合う、これからの共生社会の担い手となる子どもたちが問いから探究へと導かれる学習のひとつのあり方として、示唆に富んでいる。

おわりに

このような実践哲学科での試みに窺えるのは、「政治」や「ドイツ語」や他の諸教科とも相互に補い合いながら、学校での価値教育に求められる役割を積極的に果たそうとする姿勢である。この実践哲学科は、「主体的、対話的で深い学び」を追究する現在の日本の学校教育や、自分ならどのように行動し、実践するかを考え、自分とは異なる意見を傾聴し議論することを目指す特別の教科「道徳」とも対話し、交流し得る方向性を備えている。

なお、本教科書の邦訳版タイトルには、対象学年として「5、6年」とのみ表記した。これは、「5、6年」が、ドイツのほぼすべての州では前期中等教育の学年段階に相当するが、日本では初等教育高学年の段階に該当するからである。したがって、日本での実践では直接的には初等教育と比較可能である。一方で、内容的には中等教育においても十分参考になるものと捉えられる。初等教育と中等教育双方の関係者の方に手にとっていただければ幸いである。

この翻訳教科書が完成するまでには、多くの方々のご協力とご支援を得た。

まず、編者のローラント・ヴォルフガング・ヘンケ博士は、共編者のエファ・マリア・ゼーヴィンク博士と共に、この日本語訳版に快く「読者へのことば」を寄せてくださった。版権問題等をめぐる紆余曲折のため、翻訳プロジェクトが始動してから長年の年月がながれたが、この間も、監訳者を学校での実践哲学科の授業や教員研修センターでのゼミナールへ伴うなど、常に翻訳プロジェクトの進捗を助けてくださった。深く感謝申しあげたい。

次に、訳者の栗原麗羅、小林亜未両氏の協力を得られたことにも、心から謝意を表したい。言うまでもないことだが、この日本語版の監修責任は、すべて監訳者にある。思わぬ間違いもあるかもしれない。お気づきの点はご教示いただければ有り難い。

最後に、困難ななかにあっても、「今必要とされている翻訳教科書ですから」と、刊行の実現へと導いてくださった明石書店の編集部部長神野斉氏に、そして、複雑な図絵を含む編集作業を行き届いた配慮によって進めていただいた岩井峰人氏に、この場を借りて御礼を申しあげたい。

濱谷佳奈

［付記］本研究は科学研究費補助金（JSPS 15K17412）の助成を受けた研究成果の一部である。

注

(1) Martens, (2002), „Praxis des Philosophierens: Eine Einschätzung des Schulversuchs Praktische Philosophie aus fachdidaktischer Sicht", in: NRW-MSW(Ministerium für Schule und Weiterbildung des Lands NRW)(Hrsg.), *Praktische Philsophie in Nordrhein-Westfalen*, Frechen: Ritterbach, S.94.
(2) NRW-MSW (2008), *Praktische Philosophie Kernlehrplan Sekundarstufe 1 in Nordrhein-Westfalen*, Frechen: Ritterbach, S.9.
(3) Ebd.
(4) NRW-MSW (2008), *a.a.O.*, S.20, 23, 26.
(5) Ebd.
(6) NRW-MSW (2008), *a.a.O.*, S.34ff.

図版出典一覧

12頁：akg-images、14頁：plainpicture、15頁：Wikimedia、17頁：Flickr、24頁：Pixabay、29頁左、中：Pixabay、右：Shutterstock、31頁左、右：Shutterstock、32頁1：Wikimedia、32頁2、3、4：Shutterstock、33頁：Flickr、35頁：Shutterstock、36/37頁：Volker Döring, Hohen Neuendorf、38頁左、右：Pixabay、40頁左：Pixabay、40頁右：Flickr、42頁：Pixabay、44頁：http://mein-kummerkasten.de、46頁左、中、右：Shutterstock、48頁左：Heinrich Hoffmann、48頁右：Frickr、49頁：Elizabeth Roberts, Berlin、52頁左上（写真）：Christiane Breuer、52頁下：PA/dpa/AFP、52/53頁上：© dpa-Bildarchiv、60頁左：Pixabay、60頁右：Shutterstock、63頁：Gerhard Medoch, Berlin、66頁：Pixabay、67頁：Pixabay、68頁：Gerhard Medoch, Berlin、69頁：Wikipedia Luther-Melanchthon-Gymnasium in Lutherstadt Wittenberg, Luftaufnahme (Projekt: Friedensreich Hundertwasser). © Eduard Gavailer 2016 https://de.wikipedia.org/wiki/Luther-Melanchthon-Gymnasium#/media/Datei:Luther-Melanchthon-Gymnasium_aus_der_Luft.jpg、71頁：GARFIELD © 1989 Paws, Inc. Reprinted with permission of ANDREWS MCMEEL SYNDICATION. All rights reserved.、72頁1、2：Pixabay、72頁3：Flickr、72頁4：Wikipedia Sesiidae fg01 © Fritz Geller-Grimm 2006 https://ja.wikipedia.org/wiki/ファイル:Sesiidae_fg01.JPG、72頁5：Pixabay、74頁：Shutterstock、80頁：Shutterstock、81頁左上、右上：Pixabay、81頁下：Wikimedia Newport News Police Va USA. © Dave Conner 2011 https://commons.wikimedia.org/wiki/File:Newport_News_Police_Va_USA.jpg、94頁下：Gerhard Medoch, Berlin、95頁：Archiv Cornelsen Verlag、99頁左：Pixabay、99頁中：Shutterstock、99頁右：Flickr、102頁：Wikimedia Favela not far from Copacabana. © Leon petrosyan 2015 https://commons.wikimedia.org/wiki/File:Favela_not_far_from_Copacabana.JPG、104頁：Aus: Bill Watterson: Calvin und Hobbes. Wissenschaftlicher Fortschritt macht »Boing«. Aus dem Amerikanischen von Waltraud Götting, Carlsen Comics, German edition (including translation) © 2006 by Bill Watterson、108頁：Wikipedia Payatas-Dumpsite Manila Philippines02 © Kounosu 2007 https://sco.wikipedia.org/wiki/File:Payatas-Dumpsite_Manila_Philippines02.jpg、109頁：Wikimedia Slum in Phnom Penh. © Milei.vencel 2012 https://commons.wikimedia.org/wiki/File:Slum_in_Phnom_Penh.JPG、110頁：Pixabay、111頁：Wikimedia Ambilobe, Madagascar. © M M 2014 https://commons.wikimedia.org/wiki/File:Ambilobe_Madagascar.jpg、112頁上：Wikimedia Enfants de Don Quichotte (Toulouse, fev. 2007) 2. © Guillaume Paumier 2007 https://commons.wikimedia.org/wiki/File:Enfants_de_Don_Quichotte_(Toulouse,_fev._2007)_2.jpg、112頁中：Pixabay、114頁：Pixabay、116頁左：© KANN-Bild、116頁右：Diakonisches Werk der EKD、118頁：Flickr、120/121頁背景：Helga Lade、120/121頁細部「地球」Bildagentur-online、122頁上：Wikimedia Baby foetus. © Andre Engels 2005 https://commons.wikimedia.org/wiki/File:Baby_foetus.jpg、122頁中：Shutterstock、123頁：Wikimedia、124頁上：akg-images、124頁下：Djohan Shahrin / Shutterstock.com、125頁：PIXNIO、126頁上、下：Pixabay、127頁左：fivepointsix / Shutterstock.com、右：Wikimedia、128頁：Artothek、129頁左上、右下：Pixabay、130頁：Grandville (Jean-Ignace-Isidore Gèrard): Aus dem Staats- und Familienleben der Tiere (1842)、131頁：Pixabay、133頁：Jean Effel © VG-Bild-Kunst, Bonn 2009、135頁：© Yann Arthus-Bertrand/CORBIS xxx、136頁：Flickr、137頁：Pixabay、139頁 Pixabay、140/141頁：© Museumsstiftung Post und Telekommunikation, Frankfurt am Main、143頁：Wikimedia Duble herma of Socrates and Seneca Antikensammlung Berlin 03. © Calidius 2007 https://commons.wikimedia.org/wiki/File:Duble_herma_of_Socrates_and_Seneca_Antikensammlung_Berlin_03_.jpg、144頁上：Wikipedia、144頁下：Wikimedia、146頁：'Computerschule' by Michael Sowa、150頁：左上、右下：Shutterstock、右上：Denis Makarenko / Shutterstock.com、左下：Shutterstock、152頁上：Shutterstock、152頁中：Flickr、152頁左下、右下：153頁：Courtesy of the Artist and Metro Pictures、154頁左上：akg-images/Pierre Loti、154頁右中、下：akg-images/Erich Lessing、155頁上：Wikimedia、155頁左下：Shutterstock、155頁右上（左から1、3、4番目）akg-images、157頁：Pixabay、159頁：Pixabay、160/161頁写真：https://pixabay.com/photos/space-deep-space-galaxy-nebula-2638126/、160/161頁イラスト：Elizabeth Roberts、162頁すべて：Pixabay、164頁上：Wikimedia India - Delhi - 009 - cows hanging out on the road (2129391055). © McKay Savage 2012 https://commons.wikimedia.org/wiki/File:India_-_Delhi_-_009_-_cows_hanging_out_on_the_road_(2129391055).jpg、下：Wikimedia WLANL - Pachango - Tropenmuseum - Shiva Nataraja. © Niels 2009 https://commons.wikimedia.org/wiki/File:WLANL_-_Pachango_-_Tropenmuseum_-_Shiva_Nataraja.jpg、165頁：akg-images、166頁：Wikimedia、169頁：Wikimedia、170頁：Pixabay、171頁：Flickr、173頁上：Öffentliche Kunstsammlung Basel、175頁：Pixabay、176頁：Pixabay、177頁：Pixabay、180頁上：Shutterstock、181頁：akg-images、182頁：Shutterstock、183頁：ChameleonsEye / Shutterstock.com、184頁左下、右下：Pixabay、185頁左：Pixabay、185頁右：Wikimedia、186頁上、中：bpk Berlin、189頁：Artothek、191頁上：Shutterstock、191頁下：Pixabay、192頁：steve estvanik / Shutterstock.com、193頁：Wikipedia、195頁：KNA-Bild、196頁：Gerhard Medoch、197頁：http://mjd-net.org/beispiel-seite/ueber-uns/、198頁：Pixabay、199頁上：KPA/HIP、199頁下：Shutterstock、200頁：左上、左下：Pixabay、中：Wikipedia Shiva

(Musée Guimet) © Jean-Pierre Dalbéra 2009 https://ja.wikipedia.org/wiki/ ファイル :Shiva_(Musée_Guimet).jpg、右：Shutterstock、201 頁：Wikimedia 2007-04-30 42 gatm Volkenro. © Gerd A.T. Müller 2007 https://commons.wikimedia.org/wiki/File:2007-04-30_42_gatm_Volkenro.jpg

イラスト：Hans Wunderlich, Berlin（16、18、19、22、23、25、26/27、28、30、34、40 下、43、44/45、48 下、50、51、54、55、57-9、61/62、64/65、74-9、82 下、83/84 下、85-91、94-7、100/101、103、113、132、134/135、138/139、142、147、156、167、172、174、184 頁）。写真、コラージュ：Gehard Medoch, Berlin（70、94 下、176、186、196 頁）。Elizabeth Roberts, Berlin（12/13、14、20/21、36/37、47、49、52/53、53 下、70/71、82 上、92/93、106/107、120/121、140/141、145、148、150/151、156/157 上、160/161、163、173、178/179、188、194 頁）。

[編者紹介]

Roland Wolfgang Henke（ローラント・ヴォルフガング・ヘンケ）〈編集代表〉
博士（哲学）。ボン大学哲学教授学講師。ケルン・ボン教員研修センター（ZfsL）において長年に渡り哲学及び実践哲学の教科主任を務めた。ノルトライン・ヴェストファーレン州実践哲学科及び哲学科カリキュラム委員会メンバー。哲学・倫理教科書の編著及び著書が多数ある。

Eva-Maria Sewing（エファ・マリア・ゼーヴィンク）
博士（哲学）。ボンのリープフラウエンシューレ（州の認可を受けたカトリックのギムナジウム）前教諭。ボン大学で哲学教授学の講師を長年務めた。哲学・倫理教科書の編著及び著書が多数ある。

Brigitte Wiesen（ブリギッテ・ヴィーゼン）
博士（哲学）。メンヒェングラートバッハの修道院ギムナジウム哲学科及び数学科前教諭。デュッセルドルフ教員研修センター（ZfsL）において哲学及び実践哲学の教科主任を務めた。哲学・倫理教科書の編著及び著書が多数ある。

[執筆担当者]

Büttner, Susanne; Dürbeck, Simone; Eischeid, Maria; Greifenberg, Maria; Guthmann, Diana; Hahn, Matthias; Henke, Roland Wolfgang; Holstein, Karl- Heinz; Huber, Helga; Hutmacher, Annette; Jorsch, Ines; Kery, Kartin; Koreng, Bernhard; Lenz, Petra; Ludwig- Steup, Helga; Maly, Astrid; Roth- Beck, Meike; Schliebner, Heidrun; Sewing, Eva- Maria; Wiesen, Brigitte; Wilke, Ursula; Ziemer, Andreas

[監訳者紹介]

濱谷佳奈（はまたに　かな）〈監訳、日本語版『実践哲学科』読者へのことば 翻訳、監訳者解説〉
大阪樟蔭女子大学児童教育学部児童教育学科准教授。上智大学大学院文学研究科教育学専攻博士後期課程単位取得満期退学。博士（教育学）。
〈主な著書〉
『現代ドイツの倫理・道徳教育にみる多様性と連携――中等教育の宗教科と倫理・哲学科との関係史』（風間書房、2020年）。志水宏吉監修／ハヤシザキカズヒコ・園山大祐・シム チュン・キャット編著『〈国際編〉世界のしんどい学校――東アジアとヨーロッパにみる学力格差是正の取り組み』（共著、明石書店、2019年）。武藤孝典・新井浅浩編著『ヨーロッパの学校における市民的社会性教育の発展――フランス・ドイツ・イギリス』（共著、東信堂、2007年）。

[訳者紹介]

栗原麗羅（くりはら　れいら）〈第1章～第6章、第10章、用語集〉
東京医療保健大学和歌山看護学部看護学科教職課程講師。上智大学大学院総合人間科学研究科教育学専攻博士後期課程修了。博士（教育学）。
〈主な著書・論文〉
木村元・汐見稔幸編著『アクティベート教育学　教育原理』（共著、ミネルヴァ書房、2020年）。古賀毅編著『やさしく学ぶ教職課程　教育原理』（共著、学文社、2020年）。「ドイツにおける二大政党間の学校政策の相違に関する研究――PISAおよび国連調査と保護者の改革運動に着目して」（『比較教育学研究』第53号、2016年、pp.71-92）。

小林亜未（こばやし　あみ）〈第7章、第8章、第9章〉
コブレンツ・ランダウ大学（ランダウ）教育学部及びハインリッヒ・ハイネ大学（デュッセルドルフ）人文学部現代日本研究所講師。フンボルト大学（ベルリン）人文科学部教育学研究所博士課程修了。修士（教育学）。
〈主な翻訳・論文〉
翻訳に、ヨハネス・ホッホロイター、ハンス・マーティン・クレーマ「ドイツにおける1960年代以降の大学研究の歴史的展開」（『日本の教育史学』61巻、2018年）。論文に、"From state uniform to fashion: Japanese adoption of western clothing since the late nineteenth century" (2019) *International Journal of Fashion Studies*, 6 (2), pp. 201-216. "Die Konstruktion einer neuen Geschlechterrolle und die Eliminierung alter Geschlechterdifferenz. Turnunterricht und Schuluniform in Japan (1870-1945)." In: Groppe, C., Kluchert G. & Matthes, E. (Ed.), *Bildung und Differenz* (Wiesbaden: Springer VS, 2016).

世界の教科書シリーズ46
ドイツの道徳教科書
―― 5、6年実践哲学科の価値教育

2019年8月10日	初版第1刷発行
2021年4月10日	初版第2刷発行

編集代表	ローラント・ヴォルフガング・ヘンケ
監訳者	濱谷佳奈
訳 者	栗原麗羅
	小林亜未
発行者	大江道雅
発行所	株式会社 明石書店

〒101-0021 東京都千代田区外神田 6-9-5
電 話 03 (5818) 1171
FAX 03 (5818) 1174
振 替 00100-7-24505
http://www.akashi.co.jp

装 丁	上野かおる
印刷・製本	モリモト印刷株式会社

（定価はカバーに表示してあります）　　ISBN978-4-7503-4871-1

世界の教科書シリーズ

ドイツの歴史〔現代史〕 ドイツ高校歴史教科書
世界の教科書シリーズ ⑭ W・イェーガー、C・カイツ編／中尾光延監訳 ◎6800円

ドイツ・フランス共通歴史教科書〔現代史〕 1945年以後のヨーロッパと世界
世界の教科書シリーズ ㉓ P・ガイス、G・L・カントレック監修／福井憲彦、近藤孝弘監訳 ◎4800円

ドイツ・フランス共通歴史教科書〔近現代史〕 ウィーン会議から1945年までのヨーロッパと世界
世界の教科書シリーズ ㊸ P・ガイス、G・L・カントレック監修／福井憲彦、近藤孝弘監訳 ◎5400円

フィンランド中学校現代社会教科書 15歳 市民社会へのたびだち
世界の教科書シリーズ ㉙ タルヤ・ホンカネンほか著／髙橋睦子監訳 ◎4000円

オーストリアの歴史 第二次世界大戦終結から現代まで ギムナジウム高学年歴史教科書
世界の教科書シリーズ ㊵ アントン・ヴァルトほか著／中尾光延訳 ◎4800円

フランスの歴史〔近現代史〕 フランス高校歴史教科書〈19世紀中頃から現代まで〉
世界の教科書シリーズ ㉚ M・シュヴァリエほか監修／福井憲彦監訳 ◎9500円

イギリスの歴史〔帝国の衝撃〕 イギリス中学校歴史教科書
世界の教科書シリーズ ㉞ ジェイミー・バイロンほか著／前川一郎訳 ◎2400円

スイスの歴史 スイス高校現代史教科書〈中立国とナチズム〉
世界の教科書シリーズ ㉗ バルバラ・ボンハーゲほか著／スイス文学研究会訳 ◎3800円

イタリアの歴史〔現代史〕 イタリア高校歴史教科書
世界の教科書シリーズ ⑲ ロザリオ・ヴィッラリ著／村上義和、阪上眞千子訳 ◎4800円

スペインの歴史 スペイン高校歴史教科書
世界の教科書シリーズ ⑲ J・A・サンチェスほか著／立石博高監訳 ◎5800円

ポルトガルの歴史 小学校歴史教科書
世界の教科書シリーズ ㊶ アナ・ロドリゲス・オリヴェイラほか著／東明彦訳 ◎5800円

ポーランドの高校歴史教科書〔現代史〕
世界の教科書シリーズ ㊹ アンジェイ・ガルリツキ著／渡辺克義、田口雅弘、吉岡潤監訳 ◎8000円

バルカンの歴史 バルカン近現代史の共通教材
世界の教科書シリーズ ㊲ クリスティナ・クルリ総括責任／柴宜弘監訳 ◎6800円

イランの歴史 イラン・イスラーム共和国高校歴史教科書
世界の教科書シリーズ ㊺ 八尾師誠訳 ◎5000円

イランのシーア派イスラーム学教科書 イラン高校国定宗教教科書
世界の教科書シリーズ ㉒ 富田健次訳 ◎4000円

イランのシーア派イスラーム学教科書Ⅱ イラン高校国定宗教教科書(3、4年次版)
世界の教科書シリーズ ㊱ 富田健次訳 ◎4000円

〈価格は本体価格です〉